하루8시간
사용설명서

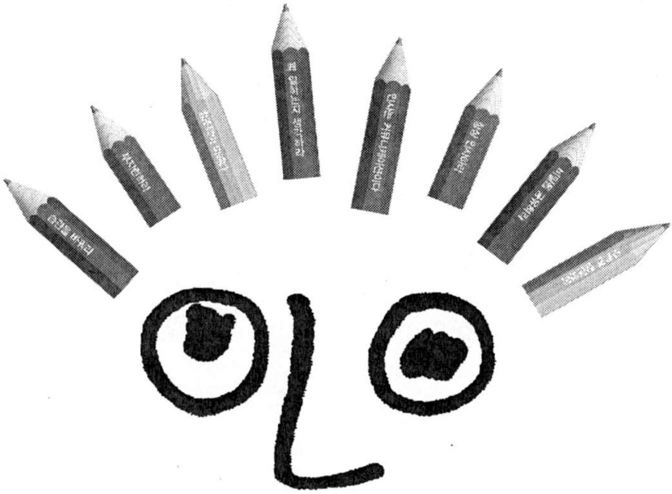

핵심 인재를 만드는 100가지 업무 기술

하루 8시간 사용설명서

야마사키 다케야 지음 | 윤지나 옮김

이가서
Leegaseo publishing

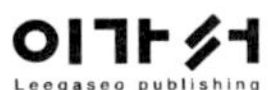

일의 세계에서 프로가 되는 것은 그렇게 어려운 일이 아니다. 실제로 날마다 일을 하고 있기 때문에 따로 연습하지 않아도 실력은 늘 수밖에 없다. 하려는 마음만 있으면 일은 얼마든지 잘 할 수 있다.

직장에는 일을 잘 하는 사람도 있고 못하는 사람도 있기 마련이다. 일을 잘 하는 사람을 보면 누구나 그 사람을 본받으려고 노력한다. 타인의 장점을 보고 따라 하는 것은 전혀 부끄러운 일이 아니다. 자신을 따라 한다고 해서 기분 나빠할 사람도 없다. 오히려 자신의 능력을 인정받았다며 기뻐할 것이다.

그렇게 매일 주변을 관찰하면서 연구하고 따라 하다 보면 반드시 일의 프로가 될 수 있다. 그러나 누군가를 본받으려 할 때 무작정 따라 해서는 안 된다. 뚜렷한 방향을 세워놓지 않으면 아무리 좋은 방식도 체계가 잡히지 않기 때문이다. 기본적인 규칙을 가지고 그 안에서 자신의 장점을 발휘하려고 노력해야 한다.

즐겁게 일하는 사람들은 일을 즐긴다. 그들은 독선적이지 않고, 다른 사람들을 배려할 줄 알며, 다른 사람들과 함께하려는 여유가 있다. 뿐만 아니라 사물을 항상 객관적이면서도 넓은 시야로 바라보려고 노력하고, 가능한 한 기본적인 규칙을 지키려고 한다.

일에서 도망칠 수 없다면 그 일을 자신의 라이프스타일과 잘 조화시켜보자. 일의 기본 규칙을 하나하나 익히고, 그 규칙들을 실제로 일하는 데 응용해보자. 그렇게 한다면 일은 자신을 괴롭히는 존재가 아니라 새로운 '자유의 세계'를 열어주는 도구가 될 것이다.

이 책은 직장에서 일하면서 때때로 고민하게 되는 몇 가지 문제점과 그 해결책을 제시하고 있다. 자신의 업무 스타일을 완성하는 데 조금이라도 참고가 되길 바란다.

야마사키 다케야

contents

09 part 당신을 보호할 무기를 점검하라

10 part 초일류 업무 기술은 당신 곁에 있다

열심히 논 당신, 일터로 가라

1 왜 일하는지 생각하라 | 2 하찮은 일이란 없다 | 3 잘 하면 좋아진다 | 4 가장 중요한 재산은 '사람'이다 | 5 혼자 처리할 수 있는 능력을 키워라 | 6 규칙 안에서 개성을 살려라 | 7 부하 직원은 노예가 아니다 | 8 회사가 싫으면 독립하라 | 9 항상 시작하는 마음으로 | 10 자신의 부가가치를 높여라

왜 일하는지 생각하라

날마다 정신없이 바쁘게 일하다 보면 자신이 무엇을 위해 일하는지 깊이 생각해볼 겨를이 없다. 일이니까 무조건 해야 한다는 막연한 생각으로 앞만 보고 달리다 보면 도대체 자신이 어디로 가고 있는지 판단하기도 어렵고 길을 잃기도 쉽다.

아무리 스피드 시대를 살고 있다 해도 때로는 멈춰 서서 자신이 무엇 때문에 일하고 있는지 깊이 생각해봐야 한다. 나는 지금 왜 일을 하고 있는가? 남들이 일하니까? 단순히 먹고 살기 위해서? 아니면 좀 더 풍요로운 생활을 하고 싶어서? 시간을 때우기 위해서? 일이 즐거워서? 다른 사람들에게 인정받기 위해서? 출세하려고? 그도 저도 아니면 사회에 공헌하기 위해서? 존경할 말한 상사나 친한 동료가 있기 때문에? 그렇지 않다면 마음에 드는 부하 직원 때문에 지옥 같은 출퇴근 시간을 참아가며 직장에 다니고 있단 말인가?

또한 당신은 성과를 내기 위해 아무 생각 없이 몸을 혹사시키고 있지 않는지, 회사라는 조직에 꽁꽁 묶여 그저 의무감으로 일하고 있지 않는지 생각해볼 필요가 있다.

일하는 목적이나 이유는 사람마다 혹은 상황에 따라 다르다. 목적이나 이유가 하나뿐인 경우도 있고, 몇 가지가 복잡하게 얽혀 있는 경우도 있다. 하지만 무엇보다 중요한 것은 자신이 일하는 목적이나 이유를 생각해봐야 한다는 점이다. 깊이 생각하다 보면 자신의 업무 스타일을 뒤돌아보고 반성할 수 있는 기회도 갖게 될 것이다.

이것저것 이유야 많겠지만, 일은 결국 자신을 위해 하는 것이다. 가족을 위해서라고 말하는 사람도 결국에는 가족에 대한 의무를 다함으로써 자기만족을 하려는 것이고, 가족에게 잘 하고 싶다는 욕구를 채우려는 것이다. 사회를 위해서라고 말하는 사람도 마찬가지다.

결국은 자신이 원하는 것이 무엇인지 먼저 파악한 다음에 그것을 효과적인 방법으로 충족시켜야 한다. 그리고 그 결과를 사회에 환원하는 방향으로 유도해간다면 보람도 있을 것이다. 일에 매달리기 전에 일에 대한 목적의식을 확실하게 머릿속에 정리해보자.

하찮은 일이란 없다

우리가 잘 아는 말이 있다. '일에는 귀천이 없다.' 그러나 안타깝게도 우리 사회에는 매우 의미 있는 일과 하찮은 일을 나누는 기준이 확실하게 세워져 있다. 예를 들면 권한을 가지고 직접 의사결정을 하거나 협상을 하는 일은 누가 봐도 매우 중요한 일이다. 권한과 능력이 있는 사람이라야 할 수 있는 일이기 때문이다. 반면에 상사의 지시에 따라 서류를 다른 부서에 가져다주거나 복사하는 일은 그다지 중요하게 생각하지 않는다. 누구나 할 수 있는 간단한 작업이기 때문이다.

신입사원들은 후자의 일을 하게 되면 대부분 속으로 투덜거린다. 대학에서 법률이나 경제학, 경영학을 공부한 후 큰 포부를 가지고 사회에 뛰어들었는데 고작 하는 일이 잔심부름 같은 것이니 어찌 불만이 없겠는가. 그런데 그들은 한 가지 사실을 모르고 있다. 신입사원에게는 '누구나' 할 수 있는 일부터 시킨다는 것을.

학교에서 배운 것을 써먹지 못하고 하찮은 일만 하고 있으니 실망스러운 것은 당연하다. 그런데 사회에 나오면 학교에서 배운 원론적인 지식이 적용되지 않는다. 적용된다 하더라도 그다지 많지 않다. 상황이 조금만 달라지면 일의 진행 방향이나 해결 방법이 달라진다.

또한 그들은 회사의 문화도 고려해야 한다. 회사는 각 부분이 유기적으로 움직일 때 비로소 제 기능을 할 수 있다. 그런데 업무 처리 방식을 모르면 회사가 어떻게 돌아가는지 알 수 없고, 회사에 도움이 되는 일도 할 수 없다. 그러므로 회사 내의 모든 활동은 하나같이 중요하다. 누구나 할 수 있는 일이라고 해서 가치가 떨어지는 것은 아니다. 하찮은 일이라고 대충 하거나 소홀히 하면 회사에 치명적인 타격을 줄 수도 있다. 예를 들면 분량이 많은 계약서를 복사할 때 중간에 한 장 빠진 것을 체크하지 못했다면 그것이 문제가 되어 결국 큰 손해를 볼 수도 있다.

어떤 일이든 그 일이 존재하는 한 누군가 해야 한다는 것을 잊지 말자. 어차피 해야 할 일이라면 최선을 다해 훌륭하게 해내는 것이 스스로에게도 유익하지 않을까?

잘 하면 좋아진다

일본에서 본격적으로 헤드헌팅 비즈니스가 시작될 무렵에 나는 영국 헤드헌팅 회사의 일본 지사장을 겸임하고 있었다. 지사라고 해도 헤드헌터는 나 한 사람뿐이었다. 도움이 필요할 때는 홍콩에 있는 아시아 본부의 전문가가 일본으로 건너오기도 했지만, 일본에서 고객을 확보하는 일이나 인재를 찾아내는 일은 다 내 몫이었다. 고객은 주로 외국 금융기관이었는데, 고객을 확보하는 일은 본사의 강력한 네트워크와 지명도 덕분에 비교적 쉬웠다.

나는 비즈니스 경험이 많았기 때문에 일하는 데 큰 어려움이 없었다. 따로 교육을 받은 것은 영국 본사에 가서 2주 동안 협상 진행 방식과 서류 작성법을 배운 것이 전부였다. 고객들이 일을 맡기면 그들의 요구 조건에 맞춰 조사를 시작하고 후보 리스트를 작성하는데, 관련 자료도 많았고 아는 사람들에게서 수집한 정보를 가지고 하는 작업이었기 때문에 그다지 어렵지 않았다.

그러나 후보자와 접촉하는 것은 쉬운 일이 아니었다. 전화를 걸어 간략하게 자기소개를 하고 용건을 설명한 다음 만날 약속을 잡으면 되는 일이지만, 전혀 모르는 사람한테 전화를 걸어 이야기를 해야 한다는 것이 여간 어려운 게 아니었다. 나는 물건을 사라고 강요하는 전화를 받고 기분 나빴던 경험이 떠올라 도저히 자신감이 생기지 않았다. 전화를 걸기 전부터 아예 상대도 하지 않으려고 하면 어쩌나 하는 불안감 때문에 자꾸만 위축되었다.

하물며 만날 약속을 받아내는 것은 두말할 필요도 없었다. 그래서 오히려 처음부터 거절당하면 안심이 될 정도였다. 그런 자세로는 일이 성사될 리가 없었다. 내 머릿속에는 나를 도와줄 사람이 한 사람도 없다는 사실과 의뢰받은 사람을 약속 시간 내에 찾아내지 못하면 이 일은 끝장이라는 생각만 맴돌았다.

그러다 갑자기 이대로는 주저앉을 수 없다는 생각이 들었다. '나는 프로 헤드헌터다'라는 생각을 하며 스스로를 격려했다. 상대방에게도 도움이 되는 일이라고 생각하니 점점 자신감이 생겨났다.

그렇게 적극적으로 일을 추진하자 사람들을 만날 수 있는 확률도 훨씬 커졌고, 자연히 전화하는 일도 재미있었다. 점점 경험이 쌓이고 나니 처음 대하는 사람인데도 상대방의 반응을 봐가며 대응할 수 있게 되었고, 나중에는 상대방과의 대화를 즐길 수 있게 되었다.

일이 싫거나 내키지 않는 것은 그 일을 잘 하지 못하기 때문이다. 그러나 처음부터 잘 하는 사람은 없다. 최선을 다해 부딪쳐보자. 결국엔 일을 잘 할 수 있게 되고 일이 좋아져서 어느 순간 일을 즐기고 있는 당신의 모습을 발견하게 될 것이다.

가장 중요한 재산은 '사람'이다

제조회사에서 모든 생산 공정이 자동화된 설비나 장비로 이루어진다고 하더라도 관리하는 사람의 수준이 떨어지면 실적은 나빠진다. 전문적인 기술이나 능력이 필요한 직장이라면 직원의 수준은 훨씬 더 중요해진다.

각 직원의 능력이 100% 발휘되려면 먼저 주위 사람들과의 인간관계가 좋아야 한다. 아무리 능력이 뛰어나다 해도 주위 사람들과 마찰을 빚으면 신경이 쓰여 일에 집중할 수가 없다. 반대로 인간관계에 문제가 없으면 스트레스가 줄고 일에 집중할 수 있으며 직장 생활도 즐거워진다. 그런 분위기를 만들기 위해서는 직원 모두가 상대방을 배려하는 마음을 가져야 한다. 회사에서 가장 중요한 재산은 사람이기 때문이다.

그런데 틈만 나면 주위 사람들의 일거수일투족을 험담하는 사람이 있다. 남의 티는 보면서 자신의 들보는 보지 못하는 사람이다. 뿐만 아니라 사람들은 자신에게 호의적인 사람에게는 호의적으로 대하고 그렇지 않은 사람에게는 악의를 가지고 대한다. 혹시 당신이 그런 사람은 아닌지 생각해보라. 주위 사람들을 비난하기 전에 자신을 먼저 돌아보고 반성하도록 하자. 그러면 상대방의 언행을 이해할 수 있게 되고 너그러운 마음을 가질 수 있을 것이다.

직위와 관계없이 항상 서로 도우려는 마음을 가져야 한다. 업무뿐만 아니라 그 밖의 일에도 협력하려는 마음이 있으면 직장 생활이 즐거워진다. 가족의 인연도 중요하지만 함께 일하게 된 사람들과의 인연도 소중하다. 가족의 인연처럼 모든 인연을 숙명적인 것으로 생각해보자. 그렇게 생각하면 처음 만나는 사람도 정중하게 대하게 된다. 또한 회사에서 날마다 얼굴을 마주치는 사람들도 중요한 손님을 대하는 기분으로 대할 수 있게 된다.

직장에서 일을 열심히 하는 것도 중요하지만 좋은 인간관계를 형성하기 위해 노력하는 것도 중요하다. 직장을 단순히 사무적인 곳으로만 받아들이지 말자. 당신의 직장은 여러 사람들과 인연을 맺고 풋풋한 정을 나눌 수 있는 곳이다.

혼자 처리할 수 있는 능력을 키워라

　회사는 함께 협력해서 어떤 목적을 달성하기 위해 모인 곳이다. 모든 직원들에게는 각자 주어진 역할이 있고, 그것이 유기적으로 움직여야만 좋은 결과를 기대할 수 있다.

　그런데 인간은 누구나 실수를 한다. 능력이 없어서 실수를 하기도 하고, 부주의해서 실수를 하기도 한다. 회사에는 그런 실수를 없애기 위한 다양한 체크 기능이 있는데, 날마다 업무 보고를 해서 결재를 받는 것이 전형적인 예다.

　그러나 체크 기능에 너무 의존하다 보면 실수는 절대로 줄지 않는다. 급하게 처리할 일이 있는데 상사가 때마침 자리를 비웠다면 어떻게 할 것인가?

　그런 상황에 대비해 혼자서 일을 처리할 수 있는 능력을 갖추어야 한다. 그렇게 되면 상사도 더 중요한 일에 전념할 수 있을 것이다.

　어떤 일이든 항상 두 번 이상 체크하도록 한다. '이 정도면 되겠지' 하고 적당히 넘겨서는 안 된다. 꼼꼼하게 처리한 일이라도 한번쯤은 의심해봐야 한다. 다시 말해 '분명히 잘못된 데가 있을 거야'라고 생각하고 잘못된 부분을 찾아내려는 노력을 해야 한다.

두 번째 점검을 할 때는 처음 했던 방식과는 다른 각도에서 하는 것이 좋다. 예를 들어 합산한 결과를 확인해야 할 때는 뒤부터 더해보거나 총합에서 더한 수를 빼본다. 처음과 똑같은 방식으로 체크하면 틀린 곳을 찾아내기 어렵다.

작업이 끝난 후에 다시 체크해보는 일도 중요하지만, 사실은 처음부터 다시 체크할 필요가 없도록 철저하게 하는 것이 가장 이상적이다. 물론 아무리 철저하게 했다고 해도 다시 한 번 점검해볼 필요는 있지만, 어떤 일이든 처음부터 철저하게 하려는 자세가 필요하다.

요컨대 나중에 다시 체크할 것까지 감안해서 일을 처리하면 안 된다. 그렇게 하면 일에 대한 집중력이 떨어지고, 나중에 체크하는 데 시간이 많이 걸린다. 다시 검토할 필요가 없을 정도로 첫째도 철저하게, 둘째도 철저하게 일하도록 하자.

규칙 안에서 개성을 살려라

규칙이란 회사의 방향성을 제시하는 기준이다. 따라서 회사에서는 개인 행동이 용납되지 않는다. 회사가 정해놓은 규칙에 따라 그 범위 내에서 행동해야 한다. 규칙은 회사를 위해 존재한다는 점을 잊어서는 안 된다.

자신이 생각하고 행동하는 데 방해가 된다고 해서 규칙을 무시해서는 안 된다. 특히 신입사원처럼 경험이 적은 사람들은 자기 가치관에 따라 행동하는 것보다는 무조건 규칙을 따르는 것이 좋다. 잘 모르는 상태에서 경솔하게 자기주장만 하다가는 주위 사람들에게 곱지 않은 시선을 받을지도 모른다.

직원은 회사를 위해 공헌해야 한다. 자신의 욕망을 위해 회사를 이용해서는 안 된다. 그런 마음으로 규칙을 따르다 보면 그 규칙들이 왜 필요한지 조금씩 이해하게 될 것이다. 그리고 규칙을 잘 이해하고 있어야만 규칙을 과감히 깨야 하는 상황이 생겼을 때 융통성을 발휘할 수 있다.

규칙을 따른다고 해서 개성이 무시되는 것은 아니다. 회사 안에서 자신의 개성을 표현할 수 있는 방법, 그리고 그로 인해 회사로부터 칭찬받고 지지받을 수 있는 방법을 찾아보자.

처음에는 규칙 때문에 숨이 막힐 수도 있겠지만, 헌신적으로 일하다 보면 머지않아 시원하게 뚫린 탄탄대로를 만나게 될 것이다. 회사에서 성공한 사람들은 규칙을 충실히 따르면서 끊임없이 노력한 사람들이다. 또한 자신의 개성을 적절히 제어하면서 나름대로 잘 발전시킨 사람들이다.

개성은 시련을 겪으면서 더 강인해진다. 당신의 개성도 크고 작은 저항에 부딪히면서 단련돼야 한다. 깨지면서 발전된 개성이 아니면 세상을 살아가는 데 아무런 도움이 되지 않는다.

부하 직원은 노예가 아니다

회사 업무는 대부분 강제적으로 이루어진다. 상사는 회사 일이라며 무조건 지시를 내린다. 그러나 아무리 신입사원이라 해도 무조건 지시만 하면 겉으로는 고분고분해도 속으로는 반발심을 갖게 된다.

좋아하는 일도 강제로 시키면 하기 싫어지는 것이 사람 마음이다.

일을 시킬 때는 부탁하는 형식을 취해야 하는데, 바쁘다 보면 어느새 명령조로 바뀌는 상사들이 많다. 그 일이 왜 필요하고 얼마나 급한지 설명한 다음에 일을 부탁하면 서로 기분 좋게 일할 수 있다는 사실을 그들은 너무 쉽게 잊고 있다. 명령조로만 일관하다 보면 부하 직원의 반감을 사서 급기야는 부하 직원이 일을 거부하는 상황까지 갈 수도 있다.

상사가 권력을 이용해 부하 직원에게 무리하게 일을 시키면 회복하기 어려울 정도로 사이가 크게 벌어지기도 한다. 그렇게 되면 의사소통의 통로가 사라져버린다. 또는 부하 직원이 회사를 그만두는 최악의 사태가 벌어질 수도 있다. "말을 물가로 데리고 갈 수는 있지만 물을 먹일 수는 없다."고 했는데, 물을 마시게 하기는커녕 말이 도망가버리는 꼴이 되고 마는 것이다.

부하 직원은 물가에까지 끌려가는 일이 생기지 않도록 평소부터 의연하게 행동해야 한다. 그렇게 하려면 우선 일을 하기 위해 회사에 들어왔다는 사실을 항상 명심해야 한다.

부하 직원은 회사에 고용된 사람이지 상사의 고용인도 아니고 노예는 더더욱 아니다. 당신은 무조건 복종해야 하는 사람이 아니라 하나의 인격체로서 회사를 위해 일하고 있다는 점을 잊지 마라.

　자부심을 가지고 열심히 일하다 보면 차츰 일에 대한 열정도 생기고 의연하게 행동할 수도 있게 될 것이다. 그렇게 되면 상사도 당신의 인격을 무시하면서 명령조로 일을 시키지 않을 것이다.

회사가 싫으면 독립하라

　다양한 규칙이 있고 다양한 욕망을 가진 사람들이 있는 회사에서 당신은 마음대로 행동할 수도 없고 내키지 않는 일도 해야 한다. 그것이 못마땅하다면, 그리고 자유롭게 살고 싶다면 회사를 나오는 수밖에 없다.

　그러나 독립하면 모든 것을 자기 마음대로 할 수 있으리라 생각하는 것은 큰 오산이다. 회사라는 조직으로부터는 자유로워질지 몰라도 다른 종류의 속박과 불편함이 분명 있기 때문이다. 물론 회사에서 얻지 못하는 것을 얻게 되기도 하겠지만, 어쨌든 독립을 생각하고 있다면 신중하게 결정해야 한다.

　큰 회사의 임원이 된 사람들도 당신과 마찬가지로 회사에 매어 있지만 그들은 회사라는 조직의 이점을 잘 알고 있다. 그들은 경영 일선에서 물러난 뒤에도 회사가 제공하는 개인 사무실과 비서 그리고 자동차를 잊지 못한다. 그들의 직위와 쾌적한 업무 환경은 연봉보다 더 중요한 조건이었던 셈이다.

임원이 아닌 사람은 개인 사무실이나 비서, 자동차는 없지만 일할 수 있는 공간과 책상, 의자, 전화, 컴퓨터, 사무용품 등 일에 필요한 비품 대부분을 회사에서 제공받는다. 또한 비서는 아니지만 업무를 도와주거나 대신해줄 사람이 가까이에 있다. 운전사가 딸린 자동차는 없지만 업무 때문에 이동해야 할 때는 교통비를 회사에서 지불해준다. 회사를 위해 필요한 경비는 모두 회사가 책임을 지는 것이다. 게다가 때 맞춰서 꼬박꼬박 월급이 나온다.

특히 지식이나 경험이 부족한 신입사원들은 회사를 위해 할 수 있는 것보다 회사에서 배우는 것이 더 많다. 월급을 받기보다는 오히려 수강료를 내야 할 판이다. 신입사원은 자신이 원하는 일을 맡겨주지 않는다고, 또 단순 작업만 시킨다고 불평할 자격이 없다. 오히려 회사가 제공하는 다양한 편의에 감사해야 한다. 이는 회사를 떠나보면 금방 알 수 있다. 회사를 나오면 회사라는 조직으로부터는 자유로워지지만 모든 책임과 부담을 스스로 져야 한다.

항상 시작하는 마음으로

첫 출근을 하는 날 지각하는 사람은 없다. 그날은 지옥 같은 출근 길을 감안해 여유 있게 집에서 나서기 때문에 웬만해서는 출근 시간에 늦지 않는다. 옷매무새 역시 깔끔하게 정돈된 모습이다. 얼굴에는 미소가 가득하다.

누구에게 어떤 질문을 받더라도 성의 있게 대답하고, 지시를 받으면 충실하게 따른다. 무슨 일이든 최선을 다한다. 잘 모르는 일이 있으면 상대방이 바쁜지 조심스럽게 살핀 후 적당한 때를 봐서 질문한다.

말과 행동은 항상 예의바르다. 상대방을 무시하는 행동은 결코 하지 않으며, 정중한 자세를 잃지 않는다. 왠지 가라앉아 있는 듯한 사무실 분위기 속에서도 신입사원만큼은 생기발랄하다. 마치 그의 주위에만 신선한 공기가 맴도는 듯한 느낌이 들 정도다.

그런데 시간이 흐르면 사람은 조금씩 변한다. 점차 게으른 마음이 고개를 들고, 뭐든지 제대로 하려는 자세가 사라지면서 적당히 넘기려는 요령만 생긴다. 무슨 일이든 익숙해진 후에는 열성적이었던 처음의 자세는 잊히기 마련이다.

또한 휴일이나 퇴근 후에 느긋하게 시간을 보내며 휴식을 취한다 해도 업무 때문에 쌓인 피로나 스트레스가 쉽게 사라지지 않는다. 그런 날이 반복되면 생기발랄하던 신입사원의 모습은 어디로 사라지고, 초췌한 모습에 무표정한 얼굴만 남게 된다. 반대로 일에만 몰두하다 보면 주변 사람이나 여러 상황에 소홀해진다. 그래서 직장에서나 집에서나 이른바 '왕따'가 되는 일도 생긴다.

이런 상황은 누구에게나 일어날 수 있다. 하지만 또 누구나 극복할 수 있는 일이다. 가끔 자신의 말과 행동을 되짚어보고 잘못된 점을 고치면 된다.

예컨대 안전벨트 단속에 대해 생각해보자. 운전할 때는 안전을 위해 꼭 안전벨트를 착용해야 한다. 하지만 자신을 위해 꼭 필요한 일이라는 것을 알면서도 평소에는 잊고 지내는 사람들이 있다. 그들은 특별 단속 기간이 되어서야 자신이 안전벨트를 착용했는지 안 했는지 관심을 갖게 된다.

안전벨트 착용은 당연한 일이지만 어떤 사람들에게는 잊기 쉬운 일이기도 하다. 따라서 특별히 시간을 정해두고 자신이 그 당연한 일을 제대로 하고 있는지 수시로 점검할 필요가 있다.

직장 생활 중에도 그런 시간이 있어야 한다. 매달 하루 정도 편한 날을 정해서 처음 출근했던 날처럼 행동해보자. 출근 전에 거울 앞에 서서 옷매무새를 확인하고, 평소보다 일찍 집을 나선다. 출근해서도 처음 입사했을 때처럼 얼굴 가득 웃음을 머금고 만나는 사람 모두에게 밝게 인사를 건넨다.

마음을 다지고 긴장감을 되찾으면 익숙하게 여겨졌던 일이나 사무실 분위기가 새롭게 보일 것이다. 이른바 '초심으로 돌아가는 날'을 정해 자신을 돌아보자.

자신의 부가가치를 높여라

사회생활을 하다 보면 상사에게 아첨 잘 하는 사람들을 보게 된다. 그들은 업무와 관련된 일뿐만 아니라 업무와 전혀 상관없는 일에 대해서도 이런저런 입 발린 소리를 하며 상사의 비위를 맞춘다.

아첨 잘 하는 사람을 보면 꼴사납고 비위가 상한다. 하지만 아첨을 받는 사람은 자신에게 잘 보이려는 상대방의 마음을 이해하면서 지나치게 불쾌감을 주지 않으면 별다른 거부 반응을 나타내지 않는다. 아첨을 받으면 조금은 쑥스러운 기분이 들더라도 상대방이 미워

보이지 않는 것이 사람의 마음이다.

　문제는 자신이 아끼는 사람만 관심을 가지고 자신에게 아첨하는 사람만 중요한 자리에 앉히려는 상사가 있다는 것이다. 그들은 부하 직원의 능력이나 실적을 공정하게 평가해서 적재적소에 배치할 마음이 없거나 그럴 능력이 없는 사람이다.

　특히 상사가 한 사람뿐일 때는 그 주위에 아무래도 아첨꾼들이 모여들기 마련이다. 상사는 자신이 원하는 바를 뭐든지 해주면서 입 안의 혀처럼 구는 사람이 다루기 편할 것이다. 그들은 회사를 위해서나 공공의 이익을 위해 바른 말을 하는 직원이 훌륭하고 믿을 만한 사람이라고 생각하면서도 대하기 거북하다는 이유로 멀리한다.

　그런 회사에서는 직원 대부분이 상사의 안색을 살피며 일을 처리하게 된다. 일상 업무든 큰 프로젝트든 일의 진행이 상사 기분에 따라 좌우되기 때문이다. 그런 회사에서 직원은 자신의 일을 주체적으로 하는 책임 있는 '일꾼'이 아니라 쓸모가 없어지면 바로 교체되는 소모품에 지나지 않는다. 하지만 소모품 같은 직원이 모인 회사의 앞날은 밝지 않다.

　어쩌다 아첨을 많이 한 덕분에 출세하는 사람도 있다. 그만큼 상사에게 잘 보이려고 엄청난 노력을 했을 것이다. 항상 상사의 일거수일투족에 안테나를 세우고 정신적으로나 육체적으로 바짝 긴장해 있었을 것이다.

하지만 아첨으로 얻은 성과는 아첨한 대상에게만 통하기 때문에 그 대상이 사라지면 그때까지의 노력이 모두 물거품이 되고 만다. 따라서 자신의 일에 열중하고 자신만의 특성을 살려 다른 회사에서도 통하는 객관적인 능력을 키워두는 편이 안전하다. 자신이 회사에 기대어 살기보다는 회사가 자신에게 기대도록 자신의 부가가치를 높이는 것이 좋다.

책상부터 깨끗이 하라

예전에는 부서의 책상 청소를 여직원들에게 맡겼다. 다른 사람들이 출근하기 전에 깨끗이 책상을 닦아서 부서 사람들이 기분 좋게 하루를 시작하도록 하는 역할을 여직원들이 했던 것이다. 그러나 이제는 가치관이 바뀌어 여직원에게 청소를 시키는 회사는 거의 없고 주로 청소 전문 업체에 맡기고 있다. 사무실 청소는 대부분 업무가 끝난 밤에 이루어지는데, 청소 업체에서는 원칙적으로 책상 정리를 하지 않는다. 책상 위에 쌓여 있는 서류들 때문이다. 어쩔 수 없이 책상 청소는 이제 자신이 직접 해야 한다.

요즘에는 하루만 책상을 닦지 않아도 금세 먼지가 쌓이기 때문에 바쁘다고 게으름을 피워서는 안 된다. 책상 모서리나 손이 잘 닿지 않는 곳 혹은 전화기나 컴퓨터에 먼지가 하얗게 쌓여 있으면 불결해 보인다. 그리고 그런 환경에서 제대로 업무를 할 수 있을지 의심된다.

일에만 집중할 수 있는 청결한 환경을 먼저 만들어보자. 책상 청소는 생각보다 아주 간단하고 시간도 얼마 걸리지 않는다. 정성껏 닦는다고 해도 2~3분밖에 걸리지 않는다. 책상의 먼지를 닦아내기에 좋은 타월을 사무실에 갖다놓고 매일 아침 가볍게 훔쳐내기만 하면 된다.

전화기나 컴퓨터는 물론 의자 구석구석에 쌓인 먼지도 깨끗이 털어낸다. 그리고 여유가 있다면 주변 사람들 책상도 닦아준다. 이때 주의할 점은 모든 사람에게 공평하게 해주되 원하지 않는 사람에겐 무리할 필요가 없다는 것이다. 힘들여 해주고 욕먹으면 억울할 뿐이다.

그리고 만일 사무실에 쓰레기가 떨어져 있으면 귀찮아하지 말고 주워서 쓰레기통에 버린다. 쓰레기를 주워서 버리는 데까지 1분도 걸리지 않는다.

자신이 일하는 환경을 항상 청결하게 하려는 노력을 기울여야 한다. 그런 수고를 귀찮아해서는 안 된다. 눈은 마음의 창이라고 했다. 직장에서도 적용되는 말이다.

책상은 당신이 집중해서 일하는 영역이다. 따라서 당신의 책상은 회사의 창이라고 할 수 있다. 또한 책상을 보면 당신이 일하는 태도를 알 수 있다.

책상과 의자의 높이를 조절하라

어떤 회사의 컨설팅을 맡았을 때의 일이다. 컨설팅과 함께 사무실 확장 공사까지 직접 관여하게 되었는데, 외국인 회사였기 때문에 전형적인 외국 스타일로 인테리어를 하게 됐다. 임원 방은 따로 만들고 비서와 나머지 스태프들은 칸막이로 공간을 나누기로 했다. 그리고 임원용 책상은 일반 규격으로 하고 의자는 높낮이가 조절되는 것으로 하기로 했다.

직원들의 책상 역시 일반 규격으로 하기로 했다. 그런데 비서가 찾아와 자신의 책상은 자신의 사이즈에 맞춰 제작해달라고 주문했다. 일본에서는 보기 드문 일이었기 때문에 처음에는 조금 의아했다.

그녀는 북유럽 출신의 미국인으로 키가 상당히 컸다. 매끈하게 쭉 뻗은 긴 다리를 자랑이라도 하듯 항상 미니스커트를 입고 다녔다. 일본인에 비해 다리가 긴 그녀는 "지금까지 일본인을 표준으로 한 책상에서 일하느라 힘들었다."라고 말했다. 그 말을 듣고 나는 비서만을 위한 책상을 제작하도록 지시했다.

공사가 끝나고 나서 나는 비서의 자리에 직접 앉아보았다. 책상 높이에 의자를 맞추고 나니 발이 땅에 닿지 않았다. 그런 자세로 오랜 시간 일을 하면 금방 피곤해질 것 같았다. 하지만 비서는 이제 편하게 일을 할 수 있겠구나 하는 생각이 들어 흐뭇했다.

보통 직장에서 사용하는 책상과 의자는 개인의 키에 상관없이 거의 같은 사이즈로 되어 있다. 그 비서처럼 특별히 요구를 한다 해도 각자의 체형에 맞게 제작해주는 회사는 거의 없을 것이다. 결국 대부분 자신의 체형에 맞지 않는 책상에서 일을 하고 있다는 이야기다. 그나마 요즘 나오는 의자들은 높낮이를 조절할 수 있기 때문에 아쉬운 대로 어느 정도는 맞출 수 있다.

그러나 조금 더 적극적으로 자신의 체형에 맞게 책상과 의자의 높이를 조절해보자. 자신이 좋아하는 스타일의 책상과 의자를 직접 고르지는 못하더라도 조금만 머리를 쓰면 일하기 편한 높이로 조절할 수는 있다. 어쩌면 직장에서 인생의 가장 긴 시간을 보내야 할지도 모르는데 불편함을 참으면서 지내서야 되겠는가.

책상의 높이를 낮추는 것은 무리가 있다. 밑을 잘라낼 수는 없기 때문이다. 그러나 높이는 것은 얼마든지 가능하다. 자신의 키에 맞춰 밑에 단단한 판을 대기만 하면 훨씬 일하기 편할 뿐만 아니라 피로도 덜 느끼게 될 것이다.

일하면서 쉽게 피곤해진다고 느꼈을 때 시력 검사를 해보면 시력이 떨어진 경우가 종종 있다. 그럴 때 자신의 시력에 맞는 안경으로 바꿔 쓰기만 해도 훨씬 피로가 덜하다. 그와 마찬가지로 책상과 의자의 높이만 조절해도 몸의 피로가 훨씬 덜하다.

피곤하지 않은가? 지금 책상과 의자가 당신의 체형에 맞게 조절되어 있는지 살펴보자.

책상은 책상이다

일을 하면서 우리는 수많은 자료를 접하게 된다. 그러다 보니 매일같이 각종 서류와 팩스, 인쇄물 등이 책상에 쌓이게 된다. 그때그때 적절하게 처리하지 않으면 책상은 그런 종이들로 넘쳐나게 될 것이다. 그렇다고 하나하나 꼼꼼히 읽어서 처리하려고 하면 하루 종일 해도 다 못한다.

컴퓨터가 보급되기 시작하면서 이제 종이가 없는 세상이 될 것이라고 했지만 오히려 종이 사용은 더 늘고 있다. 간단한 정보는 이메일로 교환하지만 아무래도 중요한 메시지는 프린트를 해두게 된다. 개인적으로는 컴퓨터 화면을 오래 보고 있으면 피곤하기 때문에 자료가 많을 때는 프린트를 해서 보기도 한다.

또 컴퓨터 화면으로는 이미 검토한 많은 자료 중에서 필요한 부분을 다시 찾기가 쉽지 않은 경우도 있다. 그러나 서류는 몇 페이지의 어디라는 것을 대충 짐작할 수 있다. 물론 컴퓨터에 익숙하지 않은 탓도 있겠지만, 컴퓨터 화면이라는 평면의 세계보다는 손으로 만질 수 있는 입체의 세계가 감각적으로는 편하게 느껴지는 사람이 적지 않다.

본론으로 다시 돌아와서, 서류 정리는 바로바로 하지 않으면 정말 무섭게 쌓여간다. 그러나 책상은 물건을 놓아두는 곳이 아니라 서류를 읽고 작성하는 곳이라는 점을 항상 기억하자. 그 밖의 다른 목적으로는 가능한 한 쓰지 않도록 신경 써야 한다.

그러려면 우선 서류를 한번 잡으면 처리할 때까지 다른 서류를 잡지 않는다. 만약 그 자리에서 바로 처리할 수 없는 서류라면 미결재 서류함에 넣어둔다. 그리고 혼자서 판단할 수 없는 서류일 때는 나중으로 미루지 말고 바로 상사나 동료 혹은 부하 직원과 상의한다. 다른 사람이 처리하는 것이 낫다고 판단됐을 때는 즉시 그 사람에게 넘긴다. 그렇게 하지 않으면 혼자 고민하다가 결국에는 책상 구석에 처박아둘 게 뻔하다.

물론 모든 일은 항상 신중하게 처리해야 한다. 그러나 판단은 되도록 신속하게 내리는 것이 좋다. 별로 중요하지 않은 인쇄물은 대충 보고 바로 버린다. 불필요한 것을 제때 버리지 못하면 책상이 아무리 넓어도 하루가 못 가서 각종 자료들로 넘쳐나게 될 것이다.

항상 깨끗하게 책상을 정리하자. 책상 위에 서류가 적으면 적을수록 머릿속이 잘 정돈되어 있다는 증거다.

파일 정리는 체계적으로

일할 때 파일 정리만큼 중요한 일도 없을 것이다. 자신의 일과 관련된 자료는 직접 정리하도록 한다. 잘 아는 내용이기 때문에 다른 파일에 잘못 넣을 가능성이 적다. 업무 내용을 잘 모르는 사람이 정리를 대신하게 되면 다른 파일에 잘못 넣는 실수를 할 수도 있다. 중요한 서류를 어디에 두었는지 몰라 부서 전체가 한바탕 소동이 난 경험이 있을 것이다. 이렇듯 파일 정리는 간단한 일이지만 잘못하면 나중에 큰 문제가 될 수도 있는 매우 중요한 작업이다.

파일 정리를 직접 하면 좋은 점이 또 하나 있다. 파일 정리를 하면서 다시 한 번 머릿속으로 생각하기 때문에 중요한 포인트를 더 오래 기억할 수 있다는 것이다.

파일 정리를 하는 시간이 아깝다고 말하는 사람도 있다. 그러나 미루지 않고 바로바로 하면 생각보다 시간이 그렇게 많이 걸리지 않는다. 그리고 일이 일단락되었을 때 파일 정리를 하면 기분도 전환된다.

다른 사람과 함께 일을 할 때는 자신만을 위한 '작업 파일'을 따로 만들어둔다. 따로 복사를 더 해야 하기 때문에 종이를 낭비한다는 생각이 들기도 하지만, 일의 효율성이 좋아져서 그만큼 시간이 절약된다. 작업 파일에는 관련된 모든 서류를 다 넣어둔다. 결과가 나오기 전까지는 어떤 서류든 버리지 말고 빠짐없이 보관한다.

아직 처리되지 않은 서류에는 메모를 붙여서 파일을 볼 때마다 항상 눈에 잘 띄도록 해둔다. 미결 서류라고 해서 미결재함에 넣어두면 바쁠 때는 잊어버리고 지나가기가 쉽다.

결재된 서류들을 보관할 때도 서류함에 그냥 넣어두는 것보다는 날짜 순서대로 정리되어 있는 파일에 넣어두는 것이 관련 서류들을 참고하기에 편리하다. 그리고 수시로 참고하게 되는 서류에는 메모를 붙여서 쉽게 찾을 수 있도록 해두는 지혜가 필요하다.

자세를 바르게 하라

어렸을 때는 항상 자세를 바로 해야 한다고 배웠다. 자세가 삐뚤어졌을 때는 가정에서는 부모님이, 학교에서는 선생님들이 바로잡아 주셨다.

자세는 육체뿐만 아니라 정신과도 아주 밀접한 관계가 있다. 마음이 해이해져 있을 때는 자세도 같이 흐트러진다. 진지하게 뭔가 할 때는 신경이 긴장되기 때문에 자연히 등도 쭉 펴게 된다. 평소에는 등이 구부정했던 사람이 면접 때는 자세를 바르게 하는 것도 그런 이치다. 자신이 지금 진지하게 임하고 있다는 메시지를 자신도 모르게 상대방에게 전하고 있는 것이다.

자세가 바른 사람은 다른 사람들에게 좋은 인상을 준다. 가슴을 펴고 바른 자세로 있으면 인상이 달라진다. 물론 사람은 항상 긴장 속에서 살 수 없기 때문에 생각날 때마다 한 번씩 자세를 바로잡도록 노력하는 정도로도 충분하다. 그렇게 하면 몸의 긴장감이 마음에까지 영향을 주어 마음을 바르게 한다.

혼자 일할 때도 자세를 바르게 하면 일의 능률이 오른다. 또한 다른 사람들과 함께 있을 때 자세를 바르게 하는 일은 일종의 에티켓이다. 자세를 바로 하고 귀를 기울이면 진지하게 듣고 있다는 인상을 주게 되지만, 흐트러진 자세로 들으면 건성으로 듣고 있는 것 같아 불쾌감을 주게 된다.

특히 테이블이 낮은 소파에 앉아 이야기를 할 때는 주의해야 한다. 테이블이 낮으면 자기도 모르게 몸이 구부정해지거나 상체를 뒤로 젖히기 때문이다. 구부정한 자세로는 적극적인 마음을 전할 수 없다.

또한 고개를 앞으로 숙이거나 등을 구부정하게 하면 건강에도 좋지 않다. 등을 쭉 펴고 손은 무릎에 가지런히 놓고 다리를 모은다.

손님을 맞을 때는 청결하게

회사 근처에 메밀국수집이 있다. 그곳에서는 언제나 사람들이 줄을 서서 기다리고 있다. 맛있는 메밀국수를 먹기 위해서다. 동료랑 함께 가봤는데 아니나 다를까 한참을 기다린 후에야 우리 차례가 돌아왔다. 식사를 끝내고 막 일어나는 사람들이 있어 그쪽으로 가려고 하는데 점원이 조금만 기다려달라고 했다. 그릇은 이미 치워진 상태였고 테이블도 비교적 깨끗해 보였다. 하지만 점원은 깨끗한 행주를 가지고 와서 아무것도 떨어져 있지 않은 테이블을 정성껏 닦고 나서야 우리를 그 자리로 안내했다.

눈코 뜰 새 없이 바쁜 점심시간이라 손님들도 가능한 한 빨리 먹고 자리를 비워줘야 하는 상황이어서 굳이 그렇게 하지 않아도 뭐라고 할 사람은 없었다. 그러나 그곳 점원들은 아무리 바빠도 그러한 절차를 결코 거르지 않았다. 물론 깨끗이 하려는 의도도 있겠지만, 귀중한 손님을 환영하고 정중히 모시겠다는 점원들의 마음을 나타내기 위해 바쁜 와중에도 꼭 그렇게 하는 것이었다. 가게의 청결함과 함께 손님을 정중하게 모시고자 하는 마음이 느껴져 매우 흐뭇했다.

그런 자세는 직장에서도 반드시 배워야 한다. 아무리 바빠도 손님이 오시기로 했으면 응접실의 테이블과 소파 그리고 바닥까지 깨끗이 치워야 한다. 테이블 위에 먼지가 쌓여 있거나 물이 떨어져 있으면 손님을 맞이할 수 있는 적절한 환경이라 할 수 없다. 그리고 손님이 지나가는 자리에 담배꽁초가 넘쳐나는 재떨이가 그대로 놓여 있고 책상 여기저기에 담뱃재가 떨어져 있다면 좋은 제안을 하러 왔다가도 생각을 바꾸고 싶어 할 것이다.

담배 연기가 가득한 사무실도 나쁜 인상을 준다. 직전까지 힘든 회의가 계속됐다 하더라도 잠시 틈을 내어 환기시키는 것이 좋다.

자기 책상으로 손님을 모셔야 할 경우도 있다. 그때를 대비해 언제나 청결한 상태를 유지해야 한다. 만약 급작스레 손님이 왔는데 책상은 도저히 손댈 엄두가 나지 않을 정도로 어지럽혀 있다면 조금이라도 치우는 성의를 보여야 한다. 설사 환영받지 못할 손님이라 하더라도.

꽃을 벗 삼아

일하는 곳은 무엇보다 밝고 깨끗해야 한다. 어둡고 불결한 환경에서는 일이 잘 될 리가 없다. 직장을 깨끗하게 유지하려면 그곳에 있는 모든 사람이 깨끗하게 사용해야 한다는 의식을 가지고 있어야 한다. 현대식 건물을 새로 짓거나 건물을 리모델링하는 것도 하나의 방법이 될 수 있다.

그러나 만약 일하는 사람들이 직장을 깨끗하게 유지해야 한다는 의식을 가지고 있지 않으면 며칠 안 가 돼지우리처럼 될지도 모른다. 책상 위에는 필기도구가 흩어져 있고, 서류는 계속 쌓여가고, 쓰레기통이 여기저기 아무렇게나 놓여 있으면 사무실 분위기는 난잡해질 수밖에 없다.

직장에서는 일만 하면 그만이라고 생각해서는 안 된다. 하루 중 가장 많은 시간을 보내는 곳이기 때문에 모두 협력해서 기분 좋고 편안한 곳으로 만들기 위해 노력해야 한다.

사무실에서는 흔히 기능적인 면만 강조되고 미적 요소는 간과되는 경향이 있다. 그러나 철저히 기능적인 면만 추구하다 보면 마음의 여유나 편안함을 느끼지 못할 수도 있다. 기능적인 면을 생각할 때 항상 미적인 측면도 생각해보자. 그렇게 하면 누구나 부러워하는 사무실을 만들 수 있다.

아무리 유명한 건축가나 디자이너가 만든 사무실이라도 실제로 매일 사용하는 사람들이 아름답게 사용하려는 마음을 갖지 않으면 하루도 못 가 지저분해진다. 항상 아름답게 사용하려는 마음을 가지고 주위 환경을 어지럽히는 것이 있으면 제거할 수 있는 방법을 생각해야 한다.

그리고 잊지 말아야 할 것이 꽃이다. 꽃병에 꽃을 꽂아서 입구나 응접실에 놓아둔다. 그리고 자신의 책상에도 작은 꽃이라도 좋으니 꼭 장식해보자. 중요한 것은 꾸미려는 마음이다. 이는 마음의 여유를 갖기 위한 것이다. 꽃이 없으면 길가의 작은 풀이라도 좋다. 싱그러운 자연의 빛이 분주한 마음에 여유를 가져다줄 것이다. 작은 화

분도 좋다. 피곤할 때 꽃과 대화를 나눠보라. 그러면 마음의 피로도
풀릴 것이다.

외모가 첫인상을 좌우한다

사람을 볼 때 외모와 성격 중 어느 것을 더 많이 보느냐라는 질문
을 받으면 많은 사람들이 성격이라고 대답할 것이다. 물론 그것을
부정할 생각은 없지만, 나는 외모도 절대 무시할 수 없다는 것을 강
조하고 싶다. 물론 성격과 외모가 다 좋다면 더할 나위 없겠지만.

그다지 친분이 없는 사람의 성격을 가늠하기란 쉽지 않다. 직접 만
나 얼굴을 보면서 이야기를 해봐야 어떤 사람인지 대충이라도 판단
할 수 있다. 그러나 멀리서 슬쩍 보기만 하고 한 마디도 이야기를 못
해봤다면 어쩔 수 없이 외모로 판단하는 수밖에 없다. 첫인상과 옷
차림을 보면서 말이다.

그렇기 때문에 겉으로도 자신의 개성이 표출되도록 신경을 써야
한다. 성격만 좋으면 그만이라고 생각하고 외모에는 전혀 신경을

쓰지 않으면 나중에 분명히 손해를 보게 될 것이다. 외모를 꾸며야 한다고 해서 치장을 하라는 이야기가 아니다. 사람들에게 불쾌감을 주지 않고 상쾌한 인상을 줄 수 있는 차림을 하도록 노력해야 한다는 이야기다.

그렇게 하기 위해서는 우선 보이지 않는 부분부터 깨끗이 해야 한다. 매일 아침 샤워를 하고 깨끗한 속옷과 깨끗하게 손질된 외출복을 입는다. 보이지 않는 곳까지 깨끗하다는 자신감이 있어야 비로소 당당해질 수 있다.

정장도 상태를 봐서 깨끗하게 드라이클리닝을 해둔다. 입고 난 다음에는 반드시 솔로 먼지를 털고 옷걸이에 걸어둔다. 하루도 빠짐없이 깨끗하게 손질을 해둬야 한다.

소홀히 하기 쉬운 것이 구두 손질인데, 구두에는 특히 더 신경을 써야 한다. 아무리 멋진 정장을 입고 있어도 신발 굽이 닳았거나 먼지가 묻어 있는 구두를 신고 있으면 깔끔하다는 인상을 줄 수 없기 때문이다.

그리고 마지막으로 전체적으로 조화가 잘 됐는지, 세련된 느낌이 드는지 점검해보자. 색이나 소재, 디자인이 자신과 어울려야만 산뜻한 이미지를 줄 수 있다는 사실을 잊지 말자.

조명은 밝고 따뜻하게

유럽이나 미국에서는 창가 쪽에 있는 독립된 공간이 중역의 상징이다. 잡음이 완전히 차단되기 때문에 일에만 집중할 수 있고 프라이버시도 그만큼 잘 지켜진다. 그래서 큰 사무실에서 다른 사람들과 함께 일하는 직원들은 그런 방을 꿈꾼다. 물론 최근에는 함께 쓰는 사무실에도 옆 사람과의 사이에 칸막이가 설치되어 있어 어느 정도 프라이버시가 지켜지긴 하지만 그래도 중역들 방과는 비교가 되지 않는다.

사무실은 일반적으로 창문이 많은 공간을 더 선호한다. 피곤할 때 바깥 풍경을 즐길 수도 있고, 자연광이 들어오기 때문에 사무실 안이 더 밝고 기분도 상쾌하고 해방감을 느낄 수 있다. 그런 환경이라야 일에 대한 의욕도 더 생긴다. 요즘 빌딩들은 대체로 형광등을 쓰고 있어서 조명은 예전에 비해 많이 밝아졌다. 그러나 인공조명은 태양이 주는 자연광에는 비할 것이 못 되기 때문에 다들 창문이 많은 사무실과 창가에 있는 중역의 방을 동경하는 것이다.

일본에서는 좌천돼서 창가로 밀려난 사람을 가리켜 '창가족'이라고 하는데, 유럽이나 미국의 정서로 보면 밝은 창가 쪽에 앉게 되니 기뻐할 일이다. 사무실 한가운데서 다른 사람들 사이에 끼어 있는 것보다는 훨씬 낫다. 물론 앞으로 해고될지도 모른다는 불안 때문에 마음은 편치 않겠지만.

공부하는 곳이든 일하는 곳이든 조명이 참 중요하다. 요즘 빌딩은 비교적 조명이 잘 되어 있다고는 하지만 최소한의 기준을 지키고 있을 뿐이다. 하루 종일 서류나 컴퓨터를 보면서 생활해야 하는 사람들은 책상에 비치는 조명에 특히 주의해야 한다. 형광등 빛은 밝지만 조금 차가운 느낌이 들어 싫다면 따뜻한 느낌을 주는 스탠드를 사용해보자. 돈이 들기는 하지만 자신의 소중한 눈을 지킬 수 있고 또 꽤 오래 쓸 수 있다는 것을 생각하면 저렴한 투자에 속한다. 눈의 피로를 풀어주는 조명 아래서 자신만의 즐거운 일을 시작해보자.

오는 사람 막지 마라

학교나 집에서 공부할 때는 자신이 원하는 스타일대로 공부할 수 있다. 조용한 곳을 찾아가거나, 누군가 시끄럽게 하면 조용히 할 것을 요청할 수도 있다. 그러나 직장은 다르다. 함께 협력해야 하는 곳이기 때문에 극히 개인적인 행동은 허용되지 않는다. 자신이 맡고 있는 일 때문에 아무리 정신이 없어도 누군가 말을 걸어오면 반드시 상대를 하는 것이 원칙이다. 물론 말을 거는 사람도 상황을 잘 봐서 말을 걸어야 한다.

아주 급한 일을 처리하고 있을 때는 사정을 말하고 양해를 구해도 되지만, 그런 경우가 아니라면 누가 말을 걸든 일단 용건을 들어보는 것이 에티켓이다. 물론 힘든 일을 하고 있을 때 다른 사람이 와서 일을 중단시키면 스트레스를 받겠지만, 상대방이 하고자 하는 말이 매우 중요한 일이거나 바로 처리해야 하는 일일 수도 있다. 내용을 들어보지도 않고 바쁘니까 나중에 오라고 하는 것은 옳지 않다.

직장 생활을 하다 보면 바쁠 때 성격이 완전히 바뀌는 사람들을 보게 된다. 평소에는 성격이 좋다가도 바쁠 때는 뚱해져서 급한 일이니 조금만 시간을 내달라고 부탁해도 퉁명스럽게 거절한다. 그와는 달리 정신없이 바쁘게 일하다가도 누군가 옆에 가서 뭔가 말할 게 있다는 표정만 보여도 무슨 일이냐고 먼저 물어보는 사람이 있다. 지금 하고 있는 일보다 더 급하고 더 중요한 일이 언제 발생할지 모른다는 사실을 잘 알고 항상 받아들이려는 마음의 준비가 돼 있는 사람이다.

직장에서는 항상 모든 사람들에게 상냥하게 대해야 한다. 불쾌한 표정을 짓고 있으면 사람들이 가까이 하기 어려워한다. 개인적으로 우울한 일이 있더라도 직장에서는 밝은 표정을 짓도록 노력하자. 밝고 명랑하고 친근한 사람이라는 이미지를 주도록 하자. 아무리 화가 나도 주위 사람에게 화풀이를 하는 일은 금물이다. 멀리서 온 사람이든 동료든 자신을 찾아온 사람은 모두 밝게 웃는 얼굴로 환영한다. 혹시라도 그들이 행운의 여신일지 누가 알겠는가.

인사는 커뮤니케이션이다

조회 시간에는 부서원들이 모여 아침 인사를 나누며 결속을 다지고 "오늘 하루도 열심히 뛰어보자."라고 결의한다. 그런데 그때의 인사는 상사 한 사람과 부하 직원 사이에서만 이루어진다. 인원이 많아 어쩔 수 없다고 할 수도 있지만, 그런 인사는 직원들의 결속을 강하게 다지는 데는 별로 효과가 없다. 직원들 간에 직접적인 대면 인사가 없기 때문이다.

인사는 짧은 커뮤니케이션이다. 그런 커뮤니케이션은 상사와 직원들 사이에 이루어지기보다는 직원들 간에 이루어져야 더 강한 결속을 기대할 수 있다. 멤버가 열 명인 그룹이 있다면 경우의 수인 45번의 인사가 이루어져야 이상적이다.

매일 아침 서로의 눈을 바라보며 인사를 나누어보자. 눈을 보면서 날마다 인사를 나누다 보면 상대방이 오늘 기분이 좋은지, 적극적인 마음가짐을 가지고 있는지, 혹은 무슨 문제가 있는지 알 수 있다. 그리고 인사를 나누다 보면 무의식중에 서로가 동료임을 다시 확인하게 된다.

상대방이 바쁘게 일을 하고 있어도 앞에 가서 인사를 한다. 인사하는 데는 5초도 걸리지 않는다. 특히 지각을 했을 때는 일일이 돌아다니며 지각해서 미안하다고 말하고 아침 인사를 건넨다.

퇴근할 때도 먼저 가게 되면 반드시 모든 사람에게 양해를 구하고 인사를 한다. 퇴근 시간에 퇴근하는 것은 당연한데 일일이 양해를 구할 필요가 있을까 생각하는 것은 잘못이다. 업무와 관련해서 뭔가 물어보고 싶은 것이 있을 수도 있다. 그럴 때 말도 없이 사라지면 상대방의 입장에서는 곤란하지 않을까.

"수고하셨습니다." 또는 "내일 만나요."라고 인사해보자. 항상 서로에게 최선을 다하고 있다는 마음을 건넬 수 있을 것이다. 건강하게 다시 만나서 함께 일하자는 마음을 담아 한 사람 한 사람에게 인사를 건네면 다음 날 회사 분위기는 물론 '맑음'이다.

항상 인사하라

인사는 잘 아는 사람한테만 하는 것이 아니다. 좁은 길을 빠져나오다가 반대편에서 오는 사람과 마주쳤을 때 어느 한쪽이 길을 양보하면 상대방은 "감사합니다."라고 말한다. 그러면 양보한 사람은 "천만에요."라고 할 것이다. 엘리베이터를 타고 내릴 때도 비슷한 상황이 벌어진다. 상대방에게 양보하면서 "먼저 타시죠."라고 말할 때도 있고, 자기가 먼저 타면서 "실례하겠습니다."라고 말할 때도 있다. 그러면 상대방도 상황에 맞는 인사를 건넨다. 점잖은 신사와 숙녀라면 그 정도 인사는 할 줄 알아야 한다.

서양 사람들은 감사의 뜻을 반드시 말로 표현하는 습관이 있다. 그런데 일본 사람들은 말보다는 조금 다른 형태로 표현할 때가 많다. 이를테면 엘리베이터에서 먼저 타고 내릴 때는 손으로 문이 닫히지 않도록 해서 뒷사람에게 배려하는 마음을 표현한다. 이는 먼저 타고 내리게 해준 데 대한 감사의 표현이기도 하다.

상대방이 길을 양보해줬을 때는 가벼운 목례 정도가 좋다. 그렇게 하면 상대방도 부담스럽지 않고 흐뭇해진다.

사람들이 별로 다니지 않는 길이나 복도에서 모르는 사람을 마주쳤을 때도 완전히 모르는 척하는 것은 좋지 않다. 옷깃만 스쳐도 인연이라는데 가벼운 인사 정도는 하는 것이 좋다. 이 또한 상대방의 마음을 따스하게 만든다.

전혀 모르는 사람끼리도 가벼운 인사를 하거나 밝은 표정으로 인사를 대신하기도 하는데 하물며 아는 사람에게 인사하는 것은 당연한 일이다. 특히 회사 안에서는 설사 모르는 사람이라 하더라도 반드시 가벼운 목례 정도는 해야 한다. 회사 사람 아니면 소중한 고객일 테니까.

지나치는 고객과 눈이 마주쳤다면 가볍게 인사해보자. 환하게 미소를 머금어도 좋다. 그렇게 하면 고객에게 환영의 뜻을 전할 수 있다. 어떻게 보면 별것 아닌 가벼운 인사인데도 사원 한 사람 한 사람이 진심 어린 마음을 담아 인사를 건넨다면 외부에서도 많은 협력자를 만들 수 있다는 사실을 명심하자.

바른 자세로 인사하라

가족이나 친한 친구들끼리는 간단하게 인사를 나눈다. 인사라기보다는 짧은 몇 마디를 주고받는 정도다. 하지만 짧은 인사를 주고받는 사이라도 인사를 할 때는 상대방의 눈을 보면서 제대로 된 인사를 해야 한다. 인사를 나눌 때는 언제나 서로의 눈을 통해 마음을 읽으려고 노력해야 한다.

가까운 회사 동료에게 인사할 때는 항상 정중해야 하는 것은 아니지만 그래도 가능하면 자세를 바르게 하고 인사하는 것이 좋다. "안녕하세요." 또는 "안녕히 가세요." 하고 말할 때 손에 가방을 들고 있는 정도는 괜찮지만 주머니에 손을 넣은 채 인사를 하는 것은 상대방이 누가 됐든 예의에 어긋난다. 물론 상사나 윗사람에게 인사할 때는 정식으로 인사를 해야 한다. 거래처나 회사 고객에 대해서는 두말할 필요가 없다.

가끔은 자신이 인사를 제대로 하고 있는지 커다란 거울 앞에 서서 점검을 해볼 필요가 있다. 인사를 할 때는 우선 상대방의 정면에 서서 등을 쭉 펴고 상대방의 눈을 본다. 그리고 인사말과 함께 허리를 숙여 인사한다.

등이 구부정하면 정중한 느낌을 주지 못하므로 등을 쭉 펴고 턱을 밑으로 조금 당긴 상태에서 상체를 굽힌다. 배에 힘을 주면 자세가 흐트러지지 않는다.

손의 위치에도 신경을 쓴다. 손을 옆에 바짝 붙이고 고개만 내리는 사람이 있는데 딱딱하고 부자연스럽게 보인다. 어떤 사람은 엉덩이에 손을 댄 채 인사를 하는데 매우 우스꽝스러운 자세다. 손을 앞에 축 늘어뜨리고 있으면 원숭이를 연상시킨다.

본인은 마음이 담긴 인사를 했다고 생각해도 자세가 바르지 않으면 그 마음이 100% 다 전달되지 않는다. 아름답게 인사하는 법을 배워보자. 그런 점에서 다도나 검도를 배우는 것도 좋다. 다도나 검도는 가장 먼저 인사법을 철저하게 가르치기 때문이다.

텔레비전에 나오는 사람들을 보면서 인사법을 연구해보는 것도 좋다. 거만한 느낌을 주는 사람, 무례한 사람, 비굴한 느낌을 주는 사람이 있는가 하면 너무나도 청초한 느낌을 주는 사람, 신뢰감을 주는 사람도 있다. 녹화를 해두고 자세히 분석해보자. 가족이나 친구들과 함께 의견을 나누면서 보면 이상적인 인사법이나 인사해야 하는 타이밍을 자연스럽게 익힐 수 있다.

인사 하나로 상대방에게 좋은 인상을 줄 수도 있고 나쁜 인상을 줄 수도 있다. 기왕 하는 인사라면 상대방이 기분 좋도록 제대로 해보자. 당신의 밝은 인사로 말미암아 상대방의 하루가 즐거울 수도 있다. 작은 인사만으로도 사람들을 즐겁게 만들 수 있다는 것, 당신에게도 기쁜 일이지 않을까?

직함보다 이름을 기억하라

직함을 들으면 그 사람의 권한이나 업무를 대충 짐작할 수 있다. 그런 면에서 직함은 직장 안에 있는 사람들보다 직장 밖에 있는 사람들에게 더 편리하게 쓰인다. 그래서인지 직장 생활을 하는 사람들을 보면 이름보다는 직함으로 불리는 사람들이 많다. 직함에는 존경의 뜻이 담겨 있다. 하지만 서양 사람들은 사람을 부를 때 직함으로 부르지 않는다. 그리고 대화 중간에 몇 번씩 상대방의 이름을 불러 그에게 이야기하고 있다는 사실을 확인시킨다.

내가 젊었을 때 어떤 유명인사의 부탁으로 그분 대신 한 국가의 대사를 만나러 간 적이 있었다. 10분 정도 이야기를 나누는 동안 그는 여러 번 내 이름을 불렀다. 마치 비슷한 지위에 있는 사람한테 하는 말투로 이야기하는 것 같아 매우 인상 깊었다. 그리고 헤어질 때는 직접 엘리베이터까지 나와 배웅을 해주었다.

서양 사람들은 단체보다는 개인을 중시하기 때문에 상대방을 단체의 일부라고 생각하지 않고 하나의 인격체로 생각한다. 물론 상대방이 회사 안에서 어떤 지위에 있고 어떤 권한을 가지고 있는지에 대해 충분히 인식하고 있고 관심도 많다. 그러나 만나면 어디까지나 개인 대 개인의 만남이라는 생각을 가지고 대하려 한다.

그와 달리 일본 사람들은 전체주의다. 일본은 원래 농경 사회였기 때문에 개인보다 전체의 이익을 중시해왔다. 물론 좋은 점도 많지만 적어도 비즈니스를 할 때는 폐해가 더 많은 것 같다. 전체주의가 지나쳐 개인을 누르려는 경향이 강해졌다.

그러나 개인 한 사람 한 사람의 역량을 키우고 그 힘을 결집해 회사를 키워나가야 한다는 생각을 가져야 한다. 비즈니스를 하면서 만나게 되는 사람들을 의도적으로라도 업무 때문이 아니라 인간 대 인간으로 만나는 사람이라고 생각해보자. 그렇게 하면 직함이 아니라 자연히 이름을 부르게 된다. 직함으로 부르지 않아서 기분 나쁘게 생각하는 사람이 있다면 그는 직함에 집착하는 사람이다. 실력이 없어서 직함의 힘을 빌리려는 사람이다. 그런 사람과는 적당한 거리를 두고 사귀면 된다.

먼저 자기소개부터

모든 리셉션이나 파티에는 목적이 있다. 뭔가를 기념하거나 축하하기 위해서 또는 뭔가를 소개하기 위해서다. 그리고 그런 자리에는 많은 사람들이 모이기 때문에 사람들 간의 교류도 중요한 목적이 된다.

그런 모임에 초대를 받았을 때는 예의만 지킨다면 누구에게나 말을 걸 수 있다. 다른 사람을 밀어내거나 중간에 무리하게 끼어들지만 않는다면 아무리 유명한 사람이라도 가까이 가서 말을 걸 수 있다. 말을 걸 때는 반드시 "안녕하십니까?"라고 인사를 정식으로 하고 나서 먼저 자기소개를 간단하게 하는 것이 원칙이다. 이름을 또박또박 말하고, 필요하다면 자기가 속한 회사의 이름을 밝힌다. 이야기를 들은 사람도 같은 정보를 주는 것이 에티켓이다.

처음에는 서로 주고받은 정보로 화제를 삼아 천천히 이야기를 나누면 된다. 그러다 공통의 관심사를 찾게 되면 그것에 대해 이야기를 나누어도 좋고, 상대방이 잘 모르는 분야에 종사하는 사람일 때는 그것에 대해 겸손하게 배우는 자세로 물어보는 것도 좋다.

그런데 가끔 보면 리셉션에 참가해서 가능한 한 많은 사람과 이야기를 나누지 못하면 손해라고 생각하는 사람들이 있는 것 같다. 그런 사람들은 이야기를 하다가도 아는 사람이 나타나면 바로 이야기를 중단하고 자리를 떠버린다. 아는 사람이라면 굳이 그 자리가 아니라도 나중에 얼마든지 이야기할 수 있는데도 말이다.

그러나 많은 사람과 얕게 만나기보다는 한 사람과 깊은 대화를 나누는 것이 실속 있다. 양보다 질이 중요한 법이다. 때로는 한 명에게만 집중하는 것도 필요하다. 그렇게 해서 처음 만난 사람과 다시 만날 약속을 하게 되면 그 만남은 대성공이다.

그리고 리셉션에서는 누가 말을 걸어와도 상냥하게 대해야 한다. 외모로 상대방을 판단해서 피하는 일은 예의에 어긋날 뿐만 아니라 나중에 손해를 볼 수도 있다. 귀인은 어디에 있을지 모르는 일이니까.

첫인상으로 승부하라

비즈니스를 할 때는 첫인상이 매우 중요하다. 대부분의 사람이 자신의 지식과 경험을 바탕으로 상대방의 첫인상을 분석하고 추측하면서 상대방의 이미지를 만들어가기 때문이다. 만약 처음에 만났을 때 시간을 가지고 천천히 이야기할 기회가 있었다면 첫인상은 조금 바뀔 수 있다. 하지만 그것도 그의 다른 모습을 발견하기 전까지는 절대로 크게 바뀌지 않는다. 그리고 다시 만나게 됐을 때는 그때까지 분석했던 이미지를 가지고 대하게 된다.

이처럼 첫인상은 여간해서는 잘 바뀌지 않는다. 크게 인상에 남을 만한 사건이 생기든지, 사람들의 시선을 사로잡을 만한 일을 하든지 하지 않으면 오랜 시간을 두고 서서히 바꿔가야 하기 때문에 보통의 노력으로는 첫인상을 바꾸기가 어렵다. 그래서 처음 만난 상대방에게 잘못된 인상을 주거나 나쁜 인상을 주게 되면 매우 불리해진다.

누군가를 처음 만날 때는 세세한 것까지 준비를 하고 만나야 한다. 그리고 진지한 태도로 상대방을 대해야 한다. 면접이나 맞선을 본다고 생각해보자. 아마 최선을 다하게 될 것이다.

나는 초면인 사람과 약속이 있는 날은 특별히 신경 써서 양복을 고른다. 업무 관계로 초면인 사람을 만나야 할 때는 차분한 이미지를 낼 수 있는 양복을 입는다. 넥타이도 보통 때는 양복과의 보색이 악센트가 되지만 그런 날은 될 수 있으면 원색을 피한다. 너무 수수하시노 않고 너무 화려하지도 않으면서 세련된 옷차림을 하려고 노력한다.

그리고 만나기 직전에는 반드시 손을 씻어 몸과 마음이 모두 깨끗해지는 기분을 느낀다. 그때까지의 피로는 날려버리고 적극적인 자세를 가지고 만난다. 그런 이미지가 상대방에게 전해지면 첫 만남부터 만족할 만한 성과를 올릴 수 있을 것이다.

가족의 안부를 물어라

인사는 사람을 만났을 때 나누는 의례적인 것이다. 그런 만큼 말이나 동작을 적당히 표현하면 무례하다는 소리는 듣지 않는다. 나쁘게 말하면 속으로는 상대방을 무시하면서도 겉으로만 정중하게 대하면 아무 문제가 없다.

그러나 이왕 인사하는 것 진심 어린 마음을 담아서 한다면 그 효과는 매우 크다. 인사를 할 때 먼저 상대방에 대해 생각한 다음 일상적인 인사말과 함께 그 사람과 관련된 몇 마디를 덧붙인다. 상대방이 잘 지내는 듯 보여도 "잘 지내십니까?" 또는 "별일 없으세요?" 하고 물어본다. 상대방이 자신의 근황을 말해주면 개인적인 정보도 교환되고 서로의 관계도 가까워진다.

인사를 할 때 흔히 하는 이야기가 날씨에 관한 것이다. 특히 잘 알지 못하는 사람한테는 가장 무난한 화제다. 그러나 무난한 만큼 따분해지기 쉽다. 상대방이 관심을 가지고 있는 분야를 이야기하는 것이 좋지만, 그때그때 바뀌는 관심사를 알아내기란 쉽지 않다. 직장인들의 경우 경제 관련 뉴스에 관심이 많지만 그것도 어디서나 들을 수 있는 흔한 화제다.

너무 개인적인 일을 세세하게 묻는 것은 실례지만, 지나치지 않다면 가족에 대해 묻는 것이 가장 좋을 듯싶다. 다른 화제와 달리 식상하지도 않고, 상대방이 가장 아끼는 가족에 대해 생각해주는 마음을 느낄 수 있으므로 상대방도 이전보다 더 마음을 열게 될 것이다.

어느 정도 친해지면 거래처 사람들에게도 가족의 안부를 물어본다. 상대방의 대답이 분명하지 않을 때는 어떤 문제가 있을 가능성이 있으므로 그 이상은 묻지 않는 것이 좋다. 그러나 대부분은 자신이 가장 소중하게 생각하는 가족에 대해 신경 써주는 것을 감사하게 생각한다.

회사의 상사나 동료, 부하 직원의 가족에 대해서도 좀 더 자세하게 알고 있으면 좋다. 인사할 때 한두 번씩 가족의 안부를 물어보면 관계가 매우 가까워진다. 아이 이름을 외워두었다가 "○○는 잘 있어요?" 하고 물으면 호감을 갖게 된다. 그냥 "아이들은 잘 있습니까?"

라고 묻는 것보다 당연히 호감도가 커질 수밖에 없다.

먼저 사과하라

사람은 누구나 잘못을 저지른다. 자기도 모르는 사이에 잘못을 저지르는 경우도 있고, 똑같은 잘못을 반복해서 저지르는 경우도 있다. 물론 잘못은 가능한 한 안 하는 것이 좋지만, 잘못을 저질렀을 때는 그 뒤처리를 잘 하는 것이 중요하다. 쉬운 일은 아니지만 잘못을 했으면 먼저 자신의 잘못으로 피해를 본 사람에게 사과부터 해야 한다.

사람에게는 자신의 나쁜 점을 감추려는 성향이 있다. 자신의 잘못을 다른 사람들이 모르고 있을 때는 모른 척하려고 한다. 자신의 잘못임이 명백하게 드러났을 때도 그것을 모면하려고 오히려 다른 사람의 잘못을 들추어낸다. 그렇게 자신을 정당화하려는 것은 자신을 지키기 위한 본능적인 행위일 수도 있다.

그러나 직장에서는 많은 사람이 보고 있다는 사실을 잊지 말아야 한다. 많은 사람이 모여서 일을 하다 보니 자연스럽게 여러 사람이 진실을 알고 있는 경우가 많다. 그렇기 때문에 애초부터 잘못은 숨길 수 없다고 생각해야 한다. 스스로 잘못을 인정하지 않고 무사히 넘겼다고 해도 다른 사람들은 알고 있는 경우가 있기 때문에 괜히 숨겼다가 나중에 정직하지 않은 사람이라는 꼬리표만 붙게 된다.

잘못했다고 생각되면 바로 자신의 잘못을 인정하고 피해를 본 사람들에게 사죄하는 것이 현명한 방법이다. 설령 자신의 잘못이 다른 사람에게 원인이 있다 하더라도 자신이 좀 더 신중하고 진지하게 처리했다면 잘못은 피할 수 있었다고 생각해야 한다. 그러므로 그 일과 관련해 자기보다 더 잘못한 사람이 있어도 자신의 잘못을 솔직하게 사과하는 것이 좋다.

다른 사람이 잘못했을 때도 자신의 말과 행동이 원인이 됐을지 모른다고 생각되는 경우에는 그 부분에 대해 바로 사과한다. 자신의 잘못을 솔직하게 인정하고 사과하는 모습을 모두들 높이 평가할 것이고, 사과를 받은 사람은 매우 고마워할 것이다. 먼저 사과하는 사람이 진정한 승자다.

감사하는 마음을 말로 표현하라

거래처나 외부 사람들에게는 평소에도 "항상 신세를 많이 지고 있습니다."라거나 "항상 감사드립니다."라고 감사의 마음을 말로 표현한다. 특별한 거래나 일이 있을 때는 더욱더 감사의 인사를 잊지 않는다.

그런데 회사에서 일하는 것은 당연한 의무라고 생각해서인지 회사 내에서는 서로 고맙다는 말을 잘 하지 않는다. 그러나 잘 생각해보면 다른 사람들이 각자의 의무를 다하지 않으면 내 일도 전혀 진행되지 않는 경우가 많다. 상사나 동료, 부하 직원들이 협력하고 도와주지 않으면 내 일에도 바로 지장이 생기는 것이다. 최악의 경우 누군가 일부러 일을 망쳐놓게 되면 내가 궁지에 빠질 수도 있다. 말 한마디로 천 냥 빚을 갚는다는데, 감사하는 마음을 말로 표현한다면 서로에게도 힘이 될 것이다.

감사의 표현은 서양 사람들을 본받을 필요가 있다. 그들은 "Thank you!"나 그와 비슷한 의미의 말을 자주 사용한다. 그 말을 들은 사람들도 "천만에요."라는 뜻을 가진 몇 가지 표현으로 응답한다. 서류를 가져다주었거나 전화를 연결해줬을 때도 "Thank you!"라고 말한다.

항상 감사하는 마음을 밖으로 표현해서 서로 협력하여 일하고 있다는 점을 확인시킬 필요가 있다. 아무리 바빠도 고맙다는 말은 할 수 있다. 그런 것을 수고스럽게 생각해서는 안 된다. 특히 부하 직원에게 고맙다고 말하면 위신이 떨어진다고 생각하는 사람이 있는데 오히려 그 반대다. 애써 위엄을 보이거나 대단한 사람인 척 행동하는 것은 그만큼 실력이 없다는 증거다.

그리고 바빠서 일일이 고맙다는 말을 못하는 것뿐이지 서로 다 알고 있다고 말하는 사람도 있다. 이심전심이라는 것인데, 그것은 말로는 표현할 수 없는 깊고 미묘한 마음을 상대방에게 전하는 것이다. 감사하는 마음은 그렇게 수준 높은 전달 기술을 이용해서 전할 필요가 없다. 그냥 간단하게 "고마워."라고 말하면 된다.

이메일로 메시지를 보내는 경우에도 마지막에는 반드시 "고맙습니다." 또는 "잘 부탁드립니다."라는 인사말을 쓴다. 짧은 몇 마디의 위력이 얼마나 큰지 두고 보면 알게 될 것이다.

청소하는 아주머니에게도 인사를

상사나 동료, 부하 직원한테는 인사를 하지만 그 밖의 다른 사람들한테는 인사를 소홀히 하는 경향이 있다. 당신은 사무실 청소를 해주는 사람을 만났을 때 인사를 하는가? 빌딩을 관리하는 사람들에게 먼저 인사를 건네는가? 화장실을 깨끗하게 치워주는 사람과 이야기를 나눈 적이 있는가?

최근에는 회사 청소를 하청업체 사람들이 하기 때문에 자신과는 관계없는 사람들이라고 생각하는지 모르겠지만, 회사에서 항상 마주치는 그들에게도 인사를 하는 것이 자연스러운 일이다. 게다가 그들은 업무 환경을 쾌적한 상태로 유지하기 위해 노력하고 있는 사람들이다. 그 사람들의 수고가 있기 때문에 날마다 기분 좋게 일을 할 수 있는 것이다. 그들은 당신과 상관없는 사람들이 아니다. 감사해야 하는 사람들에게 인사를 하는 것은 최소한의 에티켓이다.

그리고 인사를 하다 보면 다양한 정보도 얻게 된다. 다른 사람들의 업무 스타일이나 매너에 대해 전혀 다른 의견을 들을 수도 있다. 그것도 바로 옆에서 관찰한 것이기 때문에 그들의 말 한 마디에서도 교훈을 얻을 수 있다. 남의 이야기를 듣는 것은 호기심을 채워줄 뿐만 아니라 자신의 행동을 반성할 수 있는 기회도 된다. 어떤 현상이나 사물을 다른 각도에서 보는 사람들과 사귀어두면 그만큼 세상을 보는 눈이 넓어진다. 육체노동을 하는 사람들의 시각은 사무적인 일을 하는 사람들과 다르기 때문에 참고가 될 수 있다.

그들은 쓰레기통에 쓰레기를 버리는 모습만 봐도 그 사람의 성격을 알 수 있다고 한다. 쓰레기처럼 불필요한 것을 취급하는 사람들이 사람들의 마음을 더 잘 아는 것 같다. "물건이 넘치는 곳에 있다 보면 물건의 소중함을 모르게 되는 것 같아요." 그들이 전하는 말이다. 쓰레기라고 아무렇게나 버릴 것이 아니라 어떻게 처리해야 하는지도 새삼 배우게 될 것이다.

주위를 잘 둘러보고 인사를 안 했던 사람이 있는지 확인해보자. 만약 있다면 오늘부터라도 그 사람에게 인사를 건네자. 갑자기 인사하면 처음에는 어리둥절할지도 모르지만 나중에는 크게 기뻐할 것이다.

비밀을 공유하라

　사원은 100명뿐이지만 특수한 제품을 제조해 업계에서는 지명도가 높은 중소기업이 있다. 해외에서도 제품에 대한 평판이 좋아 매출이 순조롭게 늘고 있다. 마침 기업을 확장하려고 계획했던 차에 해외 거래처로부터 제3국에서 합작 사업을 하자는 제안을 받게 되었다. 이 사업은 업계에 미칠 영향이 컸기 때문에 완전히 구체화될 때까지는 비밀로 하기로 했다. 진행 상황에 대해서도 필요한 인력 몇 명만 관여하고 다른 사원들한테는 일절 알리지 않았다. 합작사와의 모든 연락은 해외 담당 임원을 통해서만 이루어졌고 팩스도 사장실 전용 라인을 썼기 때문에 비밀은 지켜지는 듯했다.

　그런데 워낙 회사가 작다 보니 직원들이 조금씩 눈치를 채기 시작했다. 그도 그럴 것이 몇몇 직원이 일반 업무와는 전혀 다른 일을 하기도 하고 때때로 그들이 모여 뭔가 비밀스럽게 회의를 하다 보니 점점 소문이 돌면서 눈치 채지 못하는 사람이 없었다.

　그럴 때 직원들은 외부 사람들과의 대화 중에 아무 생각 없이 그런 움직임이 있는 것 같다고 말하게 되고, 그때부터 비밀로 추진됐던 프로젝트가 외부에 알려지기 시작한다. 따라서 프로젝트가 구체화되고 합작사와의 접촉이 빈번해졌을 때 사원들에게 개괄적인 설명을 하고 입막음을 해야 한다. 그렇게 하면 어느 누구도 자기 회사에 불이익이 되는 일은 하지 않는다. 아무것도 들은 바가 없기 때문에 자기 마음 대로 추측한 것을 외부 사람들에게도 이야기하게 되는 것이다. 비밀 이 누설되면 회사뿐 아니라 자신에게도 도움이 되지 않는다는 사실 을 알아야 아무도 발설하지 않는다.

어느 시점에 이르면 직원들에게 비밀을 알려야 한다. 비밀을 알려주 면 직원들은 아군이 돼서 회사의 이익을 지키려고 한다. 그러나 직원 을 신뢰하지 않고 비밀을 털어놓지 않으면 직원들은 자신을 동료로 생각하지 않는다는 서운함을 느끼게 된다. 그렇게 되면 적으로 돌아 설 가능성도 있다. 비밀을 공유하면 동료 간의 결속력이 강해진다.

결근은 직접 알린다

감기나 배탈 같은 질병으로 결근을 해야 할 때가 있다. 아파서 일어날 힘도 없을 때는 회사에 전화 거는 것조차 쉽지 않다. 그리고 때로는 몸이 많이 아픈 것도 아닌데 출근할 마음이 내키지 않아 핑계를 대고 쉬고 싶을 때도 있다. 그럴 때는 더더욱 전화 걸기 싫어서 가족에게 대신 맡긴다. 그러나 그렇게 하면 함께 일하는 사람들에게 갑자기 결근하게 돼서 미안하다는 마음이 전해지지 않는다.

전화를 받는 사람 입장에서 생각해보면 금방 알 수 있다. 잘 모르는 동료 가족한테 전화를 받으면 일방적인 통보가 돼버리기 때문에 상태가 어느 정도인지 상세하게 물어볼 수 없다. 직접 전화해주지 않은 것에 대해 서운함을 느낄 수도 있고 성의가 없다고 생각할 수도 있다.

직접 전화를 해야 얼마나 아픈지 물어볼 수도 있고, 다음 날에는 출근이 가능한지 확인할 수도 있다. 급하게 처리해야 하거나 대신 처리해야 할 일이 있는지도 물어봐야 한다.

회사가 잘 돌아가기 위해서는 직원들이 한마음이 되어 움직여야 한다. 그렇게 하려면 직원들끼리 평소에도 가까이 지내야 한다. 업무와 관련된 정보를 교환하고 공유하는 것뿐만 아니라 개인적으로도 가까워야 한다. 그래야만 관계가 오래 지속될 수 있다.

결근과 같은 돌발적인 상황이 발생했을 경우 가능하면 직접 전화를 걸어 알리도록 하자. 그렇게 하는 것이 회사를 위해서도 바람직한 일이다. 다른 사람이 끼어들면 직접적인 의사소통이 이루어지지 않기

때문에 오해가 생길 수도 있고 그로 인해 동료들과의 관계가 불편해
질 수도 있다.

누군가에게 안부를 전할 때도 마찬가지다. 우리는 흔히 "○○에게
안부 좀 전해주세요."라는 말을 자주 하는데, 그 말을 들은 사람은
대부분 의례적으로 하는 말로 여기거나 별로 중요하게 생각하지 않
기 때문에 전하지 않는 경우가 많다. 진심으로 안부를 전하고 싶다
면 직접 전화를 하거나 메일을 보낸다. 부득이 다른 사람을 통해 안
부를 전해야 할 때는 짧은 편지나 선물과 함께 부탁하는 것도 좋은
방법이다. 편지나 물건에 마음을 담아야 그 마음이 제대로 전해진다.

최악의 보고도 지체하지 마라

서양에 '사자를 쏘지 마라'는 속담이 있다. 정보를 전달하는 사
람은 전달하는 역할만 할 뿐 전달하는 내용에 대해서는 전혀 책임이
없다는 말이다. 그러나 마음에 안 드는 뉴스를 듣게 되면 그것을 전
하러 온 사람에게 화풀이하고 싶은 것이 사람 심리다. 경우에 따라서

는 소식을 전하러 온 사람뿐만 아니라 주변에 있는 사람들에게까지 화풀이를 하는 경우도 종종 있다.

그렇기 때문에 상대방이 기분 나빠할 만한 소식이면 선뜻 나서서 전해주려 하지 않고 자꾸 미루기만 한다. 다른 사람들도 다 알고 있는 정보일 때는 '누군가가 전해주겠지' 하고 마냥 기다린다.

그 정보를 몰라도 일하는 데 전혀 문제가 없을 때는 알릴 필요가 없다. 아니, 알리지 않는 것이 낫다. 그러나 나쁜 소식일수록 빨리 알려야 할 때가 더 많다. 나쁜 소식은 일에 방해가 되는 것이기 때문에 빨리 알아야 그에 대한 대책이나 차선책을 세울 수 있다. 모르고 있다가 문제가 터진 다음에 허둥대봤자 때는 이미 늦다.

이를테면 회사에 자금이 부족해 여기저기 수소문하고 있다고 하자. 가장 기대했던 곳에서 거절당했을 때는 한시라도 빨리 알려야 한다. 이미 끝난 일인데 한 번 더 매달려볼 생각으로 보고를 하지 않으면 회사가 큰 피해를 볼 수도 있다.

만약 바로 보고를 한다면 다른 사람에게 부탁해볼 수도 있다. 그러나 시간이 촉박해져서 알게 되면 손을 쓸 수도 없는 최악의 상황을 맞이할 수도 있다. 그리고 나쁜 소식을 전한 부하 직원에게 화풀이하는 상사는 보고가 늦으면 늦을수록 더 심하게 화풀이한다는 사실도 잊지 말자.

자신의 스케줄을 다른 사람들에게 알려라

일은 항상 계획대로만 진행되는 것이 아니다. 언제나 같은 일만 하는 사람도 때로는 돌발적인 상황이 생기거나 급하게 다른 일을 해야 하는 상황이 생겨서 자신의 일정을 변경해야 할 때가 있다. 그 일이 회사에 도움이 되고 자신이 할 수 있는 것이라면 융통성 있게 자신의 스케줄을 조정해야 한다. 스케줄을 무리하게 조정할 수는 없겠지만, 융통성 있게 행동해서 좋은 결과를 얻게 되면 기분이 매우 좋아진다.

전혀 예상치도 못했던 일이 생기거나 급한 일을 의뢰받았을 때는 자신의 스케줄을 바꿔서 적극 해결하려고 해야 한다. 물론 다른 사람들이 제때 일을 처리하지 않아 자신한테 맡겨지거나 사전에 계획됐던 일인데 알려주지 않아 급하게 일정을 바꿔야 하는 상황이 되면 상당히 불쾌하다. 다른 사람 때문에 피해를 봤다고 생각하기 때문이다.

그러나 모든 일은 서로 연관되어 있다. 처음에는 동료와 둘이서만 하던 일이 시간이 지나면서 다른 사람들의 도움을 받아야 할 때도 있고, 다른 사람의 일을 도와야 할 때도 있다. 그러므로 지금 하고 있는 일이 무엇이고 계획은 어떻게 잡고 있는지 가능한 한 주변 사람들에게 알려두는 것이 좋다.

같은 일을 맡고 있는 파트너에게는 새로운 정보를 알게 되면 바로바로 그 내용과 예상되는 모든 것에 대해 말해야 한다. 그래야 그 정보에 따라 일을 조정하면서 다음에 맡게 될 일에 대해서도 준비할 수 있다. 회의 일정뿐만 아니라 개인적인 스케줄까지도 주변 사람들에게 말해두면 편리하다. PC의 스케줄 표를 사용하고 있다면 스케줄이 바뀔 때마다 수정해두고 누구나 그 스케줄 표를 확인할 수 있게 해두면 매우 유용하다.

휴가를 받을 때도 날짜가 정해지면 바로 알린다. '휴가를 받는 건 당연한 권리야. 담당 부서에 신청서만 내면 그만이지 뭐' 하는 식의 태도는 좋지 않다. 자신의 휴가로 말미암아 영향을 받을 수 있는 모든 사람에게 정확한 휴가 날짜를 알려준다. 이는 자신을 위해서도 좋은 일이다.

사후 보고도 철저히

　나는 사람을 소개해달라는 의뢰를 받으면 우선 자세한 조건부터 물어보고 만날 날짜와 시간을 정한다. 그런데 소개는 단순히 사람과 사람을 만나게 하는 행위만을 가리키는 것은 아니다. 소개하는 사람에 대해 어느 정도 보증한다는 의미가 숨어 있다. 법적인 보증은 아니지만 문제가 발생했을 때 어느 정도는 책임을 진다는 의미다. 그러므로 소개하는 입장에서는 신경이 많이 쓰이는 일이고, 소개받는 사람에게는 크게 도움이 되는 일이다.

　그런데 소개를 받고 나서 아무 연락도 하지 않는 사람이 있다. 그건 바람직한 행동이 아니다. 사람을 소개받으면 반드시 어떻게 되었는지 그 결과를 알려줘야 한다. 때에 따라서는 소개한 사람이 나중에 책임을 져야 하는 일도 생기기 때문이다.

　소개받은 사람이 마음에 들지 않았을 때뿐만 아니라 마음에 들 때도 반드시 사후 보고를 해야 한다. 상대방이 바쁘다면 찾아가거나 전화로 하지 말고 편지나 메일로 간단하게 감사의 뜻을 표하고 상황을 전한다. 특히 앞으로도 계속해서 소개를 받아야 한다면 적당한 시기에 간단히 사후 보고를 하는 것이 좋다. 소개하는 사람은 당연히 일이 잘 성사되길 바라는 마음으로 적극 도우려 한다. 그러므로 소개해준 사람에게 사후 보고를 하는 것은 앞날을 위해서도 반드시 필요한 절차다.

직장에서 일할 때도 다른 사람에게 도움을 받으면 반드시 사후 보고를 해야 한다. 보통 상대방이 거래처일 때는 신경 써서 보고를 하지만 같은 회사 사람일 때는 소홀히 하는 경향이 있다. 직원끼리 협력하는 것은 당연하다고 생각하기 때문이다. 그러나 도움을 받았을 때는 결과가 어떻게 됐는지 반드시 간단하게라도 설명한다. 그렇게 해야 상대방은 자신이 도움이 됐다는 사실을 알고 다음에도 협력하려고 할 것이다. 도와주고도 사후 보고를 받지 못하면 이용당했다고 생각하거나 의심이 많은 사람일 경우에는 자신의 일을 가로챘다고 생각할 수도 있다.

직원들 간에 서로 의심하게 되면 회사는 잘 굴러가지 않는다. 도움을 청할 때뿐만 아니라 일이 마무리된 다음에도 결과를 간단하게 보고하면 서로 훨씬 가까워질 수 있다. 거기서 서로에 대한 신뢰가 생기고 앞으로 더욱 협력하려는 적극적인 자세가 나온다.

팀 전원과 의논하라

정치 세계는 몇몇 예외적인 경우를 제외하고는 윗사람이 단독으로 결정하는 전제주의에서 각자 결정권을 갖는 민주주의로 바뀌었다. 그러나 비즈니스 세계에서는 아직도 리더십이니 경영이니 하면서 일반적으로 위에서 아래로 명령을 내리는 경우가 많다.

질서를 지키는 데는 계층적인 구조가 어느 정도 편리한 점도 있다. 그러나 그렇게 되면 계층적인 구조를 권력으로 이용하려는 사람이 반드시 나타나게 돼 있다. 그런 문제를 해결하고 회사 조직을 기능적으로 활용하려면 어떤 방침을 결정하는 과정에 모든 직원을 적극적으로 참가시켜야 한다.

회사가 효과적으로 움직이기 위해서는 모든 직원이 같은 목표를 공유하고 있어야 한다. 강제로 움직이게 하면 표면적으로는 따라가지만 속으로는 반항심을 갖는 사람들이 생겨나게 된다. 뉴턴의 작용 반작용의 법칙과 같다. 즉 상사가 부하 직원에게 명령이라는 힘을 가하면 부하 직원도 상사에 대해 같은 크기의 반항심을 갖게 된다는 말이다.

직원이 모두 같은 목표를 갖게 하려면 '강제'로 무엇을 해서는 절대로 안 된다. 자발적으로 할 수 있도록 일의 내용이나 방향을 결정할 때 팀의 모든 구성원을 참여시켜야 한다. 직접 참여하게 하면 처음에는 반대 의견을 내던 사람도 다른 사람들과 의견을 나누는 사이에 따라오게 된다.

만약 모두가 반대하는 사항을 팀장 한 사람이 결정한다 하더라도 일방적인 명령이 아니기 때문에 흔쾌히 협력하려 할 것이다. 그렇게 된 배경이나 사정에 대해 충분히 알기 때문에 최종 결정에 수긍하게 된다. 모든 사람의 의견을 물어보기 때문에 모든 사람의 자존심도 지켜진다. 그리고 이야기를 하는 사이에 여러 가지 의문점도 해결되기 때문에 결정이 내려진 다음에도 오해가 생기지 않는다. 팀 전원이 하나가 되어 바로 실행 단계로 넘어갈 준비가 되는 것이나.

의견을 구하면 도움을 얻는다

30대의 나이에 할아버지 킬러라는 별명을 가지고 있는 친구가 있었다. 명문대에 입학해서도 공부는 하지 않고 책 읽고 글 쓰고 놀기를 좋아했던 친구다. 결국 대학을 중퇴하고 출판사에 들어가 편집 일을 하다가 그것도 얼마 안 가 그만두고 혼자서 여기저기 사업에 손을 대고 있었다. 대기업의 하청을 받는 견실한 중소기업 사장이었던 아버지는 외아들인 그 친구에게 어떻게든 뒤를 잇게 하고 싶어 했지만, 그 친구는 아버지가 하는 전기 관련 일에는 관심이 없다며 거절했다.

그 친구는 뭔가 새로운 것이 떠오르면 바로 실행에 옮겼다. 어렸을 때부터 친구라 머리가 좋다는 것은 알고 있었지만 사회에 나와서도 끊임없이 새로운 아이디어를 생각해내는 것을 보고 감탄하지 않을 수 없었다.

그 당시는 일본의 패션 산업이 한창 성장하기 시작한 시기라 패션과 관련된 일이 많았는데 그 친구도 패션 일에 손을 대고 있었다. 나도 뉴욕에서 패션 공부를 하고 돌아와 그때까지 하던 일을 그만두고 막 독립했던 터라 가끔 그 친구 일을 돕곤 했다.

그 친구는 뭔가 새로운 생각이 떠오르면 바로 구체적인 기획안을 만들고 어디선가 스폰서를 찾아왔다. 스폰서들은 대부분 중소기업 사장이나 대기업의 신규 사업 부문 담당자들이었다. 특히 스폰서가 대기업일 때는 어느새 저명한 재계 인사들을 끌어들여 회의나 모임이 있을 때마다 참석시켰다. 재계 거물이나 기업의 사장처럼 나이가 지긋한 분들의 도움을 받는 것이 그 친구의 특기였기 때문에 할아버지 킬러라고 불렸던 것이다.

그 친구의 비결을 옆에서 잘 관찰해봤더니 그 친구는 확실한 계획을 가지고 있으면서도 아무것도 모르는 사람처럼 의논을 하는 것이었다. 상대방이 의견을 말해주면 감탄하면서 "저는 지금까지 그런 생각을 못해봤습니다."라고 말한다. 그래서 상대방이 도와주고 싶은 생각이 들도록 만드는 것이었다. 경험이 많은 나이 지긋한 분들은 잘난 척하며 자기 주장만 펼치는 젊은이들을 풋내기라고 생각한다. 그렇게 자신 있으면 혼자 알아서 하라며 절대 도와주지 않는다.

점심시간은 정보 교환 시간

직원들이 모두 알고 있어야 하는 정보는 회의 때 발표하거나 문서로 돌린다. 요즘에는 PC가 보급되면서 이메일을 많이 이용하고 있는데 아주 편리하고 효율적이다. 발신자는 한 번으로 정보 전달을 끝

낼 수 있고 수신자는 편한 시간 아무 때나 읽을 수 있기 때문이다.

그러나 그런 종류의 정보들은 모두 회사의 공식적인 정보다. 공식적인 정보는 공식적인 입장만을 담고 있는 경우가 많으므로 그런 정보에만 의존하다가는 뒤처지게 된다. 이번에 누가 해외 지점에 가게 됐다더라, PC의 모든 시스템이 업그레이드된다더라, 거래처와의 일이 잘 안 풀리고 있는 것 같다더라 하는 정보를 다른 사람들은 다 알고 있는데 자신만 모르고 있다면 위험 신호가 켜진 것으로 생각해야 한다. 자신만 조직 내에서 따돌림을 당하고 있다는 증거다.

잘 생각해보면 업무 외 시간에 다른 사람들과 잡담을 하는 일이 거의 없었을 것이다. 잠시 쉴 때도 자기 자리에서 눈을 감고 쉬거나 혼자 책을 읽고 있었을 것이다. 점심시간에도 다른 사람들과 어울리지 않고 개별 행동을 했을 것이다. 그렇게 되면 자기도 모르게 다른 사람들과의 사이에 벽이 생긴다.

함께 일하는 사람들과 나누는 잡담은 직장에서 인간관계를 원만하게 해주는 윤활유 역할을 한다. 직원들은 사무적으로 어느 정도 획일화돼 있다. 그러나 일과 무관한 장소에서 만나면 상대방의 인품이나 개성을 잘 알 수 있다. 그래서 직장 밖에서의 만남이 필요하다.

퇴근 후에 함께 식사를 하거나 술을 마시는 것도 괜찮다. 그러나 그런 모임은 너무 자주 갖지 않는 편이 좋다. 아무래도 소문이나 푸념이 많아지기 때문이다. 그런 면에서 점심시간이 매우 효과적이다.

점심식사 때도 주위 사람들을 의식하긴 하지만 그래도 본심을 말하게 된다.

공식적인 정보도 물론 중요하지만 비공식적인 정보도 매우 중요하다. 그리고 비공식적인 정보를 얻을 수 있는 네트워크를 가지고 있으면 급한 일이 생겼을 때 많은 힘이 된다.

보고할 때는 요점만 간단히

보고는 전달하고자 하는 내용을 상대방이 이해하지 못하면 아무 의미가 없다. 특히 일할 때는 모두 시간적인 효율을 생각해야 하기 때문에 가능한 한 짧은 시간 내에 목적을 달성할 수 있도록 노력해야 한다. 아무리 중요한 보고서라도 분량이 너무 많으면 쉽게 손이 가지 않다가 닥쳐서야 어쩔 수 없이 읽게 된다. 그럴 때 보고서의 핵심을 2~3페이지 이내로 요약한 것이 있으면 크게 도움이 된다.

조사 보고서의 경우에는 조사 경위와 조사한 모든 내용을 빠짐없이 기록하는 것이 필요하다. 그러나 보고할 때는 조사한 사람의 욕심을 버리고 보고를 받는 사람한테 필요한 내용만을 전달하도록 노력해야 한다. 그래서 핵심만 요약한 보고서가 필요하다. 요약 보고서는 2~3페이지가 넘지 않도록 하고, 더 상세한 데이터를 원하는 사람한테는 조사 보고서 전체를 첨부하는 것이 현실적이다.

사실 가장 이상적인 요약 보고서는 한 페이지로 요약한 보고서다. 항목별로 나눌 필요가 있을 때는 5~6개를 넘지 않도록 한다. 가능하면 3개 항목 정도로 제한하는 것이 효과적이다. 일반적으로 대충 보고 기억할 수 있는 것은 세 개 정도다. 항목이 여섯 개 정도 되면 그 중 두세 개는 잊어버린다. 그리고 가능하면 각 항목도 한 줄로 정리하는 것이 좋다. 기억에 남을 수 있도록 간결하게 핵심을 정리한다. 자기가 하고 싶은 말을 쓰는 것보다는 읽을 사람이 관심을 가지고 읽을 수 있도록 그 사람의 상황을 최대한 고려해서 작성한다.

셰익스피어의 〈햄릿〉에 나오는 대사처럼 "간결은 지혜의 본질"이다. 간결하지 않은 표현으로는 참뜻이 제대로 전달되지 않는다. 장황한 글보다 간결한 글이 사람들에게 더 많은 감동을 준다. 이는 장황한 글이 반드시 심혈을 기울인 것은 아니라는 증거다. 사랑을 고백하는 것처럼 한 마디에 마음을 담아 표현할 때 상대방에게 진심이 전해진다.

연락과 보고는 발로 하라

거래처와 간단한 연락을 할 때는 전화나 팩스, 이메일을 주로 이용한다. 만나서 이야기를 하면 시간이 많이 들 뿐만 아니라 서로 바쁘기 때문에 각자 스케줄을 조정해야 하는 불편이 있다.

그러나 중요한 일이거나 어떤 일을 의뢰해야 할 때는 역시 얼굴을 보면서 하는 것이 효과적이다. 극단적인 예로 사과할 때를 생각해보면 쉽게 알 수 있다. 사과하는 내용에 따라서 달라지겠지만 전화나 팩스로는 사과하는 마음이 전달되지 않기 때문에 어느 정도 미안해하는지 알 수 없다. 그러나 아무리 화가 많이 났어도 앞에서 머리 숙여 사과하면 조금은 화가 가라앉는다. 미안해하는 마음이 전해지기 때문이다. '만나다'라는 말에는 함께 모여 하나가 된다는 뜻이 있는데, 실제로 만나면 그와 비슷한 현상이 일어난다.

나는 한 외국 기업이 자사 제품을 일본에서 판매하는 일을 도와주고 있다. 그 회사의 마케팅 담당자는 1년에 두세 번 일본에 와서 수입 도매업자나 소매업자를 방문한다. 그런데 방문을 하다 보면 개중에는 필요하지도 않으면서 그 회사의 제품을 주문하는 업자도 있다.

비즈니스와는 거리가 먼 이야기 같지만 거래보다 관계를 중시하기 때문이다. 항상 얼굴을 보면서 만남을 유지해왔기 때문에 조금 무리한 요구를 해도 받아들이고, 거래도 오래 지속된다.

회사 내에서도 가능한 한 동료들의 얼굴을 자주 보도록 한다. 층이 달라서 오가는 데 시간이 많이 걸리지 않는다면 간단한 연락이나 보고를 할 때도 내선 전화나 이메일을 이용하지 말고 다리를 이용한다. 상대방이 상사든 부하 직원이든 상관없다. 직접 찾아갔는데 자리를 비웠거나 전화하느라 바쁘다면 다시 가면 된다. 자주 마주쳐야 상대방의 컨디션도 알 수 있고 친해진다. 친해지면 그만큼 서로 잘 이해하게 되고 신뢰도 쌓인다.

그리고 직접 찾아가면 산책하는 효과도 있다. 책상에서 잠시라도 벗어나면 기분도 좋아질 것이다. 연락이나 보고를 핑계 삼아 다리와 허리를 펴보자.

고민하지 말고 시작하라

〈뷔리당의 당나귀〉라는 이야기가 있다. 거리가 같은 두 곳에 양과 질이 똑같은 건초를 놓아두었더니 당나귀가 어디로 가야 할지 몰라 망설이다가 결국 굶어 죽었다는 내용이다. 그래서 우유부단하거나 망설이다가 일을 그르치는 사람들을 곧잘 '뷔리당의 당나귀'에 비유하곤 한다.

직장 안에서도 그런 사람들을 자주 볼 수 있다. 항상 시간이 없다며 입으로만 바쁘고 행동으로 옮기지 않는 사람들. 그들은 뷔리당의 당나귀처럼 고민하는 데 시간을 다 허비하기 때문에 막상 뭔가를 시작하려 할 때는 이미 버스 떠난 뒤에 손 흔드는 꼴이 되고 만다.

성장기에 자신의 인생에 대해 많이 생각하고 고민하는 것은 좋은 일이다. 자신의 정체성을 확립하고 인생관을 세우는 데 꼭 필요한 과정이기 때문이다. 사랑 때문에 고민하는 일도 나쁘지 않다. 당시에는 괴로워도 시간이 지난 후에 돌아보면 애틋한 추억으로 남을 수도 있고, 그토록 고민한 덕분에 훗날 더 아름다운 사랑을 키울 수도 있다. 오히려 가슴 시린 사랑의 아픔을 겪지 못했거나 '나는 누구인가'라는 문제 등으로 고민해본 적이 없는 사람들이야말로 무미건조하고 깊이 없는 삶을 사는 사람들이다.

그러나 일을 할 때는 다르다. 물론 사전 조사를 철저히 하고 자료를 분석해 앞날을 예측하는 것도 중요하다. 하지만 그런 데 시간을 모두 허비하다가는 실제로 일에 뛰어들 시기를 놓쳐서 모든 준비를 물거품으로 만들게 될지도 모른다.

당신이 신이 아닌 이상 앞날을 정확하게 예측하겠다는 기대는 버리자. 앞으로 있을지 모를 위험 요소를 피하기 위해 고민만 하다가는 일 자체를 그르치는 바보가 될 수도 있다.

고민만 하고 즉시 일에 뛰어들지 못하는 사람은 사실 책임감이 부족한 사람이다. 그들이 결정을 미루고 행동으로 옮기지 않는 진짜 이유는 자신의 판단이 잘못될 경우에 발생할 상황에 대해 책임지고 싶지 않기 때문이다. 심한 경우 중요한 결정을 점쟁이에게 물어보는 사람도 있다. 그러느니 차라리 주사위를 던지는 편이 낫지 않을까?

그런데 자신이 내려야 하는 결정을 다른 사람에게 미뤘더라도 그 선택을 한 사람은 당신이다. 점쟁이에게 물어봐서 내린 결정이든, 주사위를 굴려 선택한 일이든, 그 방법을 선택한 사람도 당신 자신이다. 즉 어떤 방법을 선택하더라도 당신은 책임을 면할 수 없다.

어찌 해도 책임을 면할 수 없다면 까짓 거 부딪쳐보기라도 해야 하지 않겠는가. 고민만 하지 말고 스스로 결정을 내린 다음 그 목표를 향해 최선을 다해보자. 현재 자신이 할 수 있는 일부터 시작하다 보면 아마도 시간 없다고 불평할 겨를이 없을 것이다.

기한은 칼같이 지킨다

"○○씨, 급한 일은 아니니까 시간 나는 대로 해줘."

일을 하다 보면 가끔 이런 부탁을 받을 때가 있다. 하지만 시간 나는 대로 해달라고 했다 해서 그 일에 기한이 없다고 생각해서는 안 된다. 상대방은 분명 자신에게 필요한 일이기 때문에 부탁했을 것이다.

정말로 아무 때나 해도 되는 일이라면 처음부터 부탁하지도 않았을 것이다. 그래서 간혹 '언제까지라고는 말하지 않았으니까'라며 여유만만하게 지내다가 상대방의 독촉을 받고 감정을 상하게 되는 경우도 생긴다.

또한 '가능하면 빨리'라는 식의 모호한 표현도 오해를 가져와 업무에 지장을 줄 수 있다. 부탁하는 사람은 '지금 급하니까 최대한 빨리

해줘'라는 생각으로 부탁했지만, 받아들이는 쪽에서는 '당장은 아니지만 가능할 때 되도록 빨리 해줘야지' 하는 식으로 받아들일지도 모른다. 그래서 일을 지시하거나 부탁할 때는 반드시 정확한 기한을 밝혀야 한다.

그리고 기한이 정해진 일을 처리할 때는 무슨 일이 있어도 그 시간에 맞춰서 끝내야 한다. 기한을 맞추지 못하면 그 시간에 맞춰 세워놓은 다른 계획들에 차질이 생기기 때문이다. 모든 계획에는 항상 미연의 사태에 대비한 약간의 여유가 있으므로 '조금' 늦어져도 괜찮다고 생각하는 사람들이 있는데, 그것은 매우 위험한 생각이다. 그 '조금'이 어느 정도인지 사람마다 다르기 때문이다. 아무리 중요한 일이라도 기한이 지나면 아예 쓸모가 없어지거나 가치가 감소할 때가 많다. 기한은 말 그대로 그 일이 꼭 성사되어야 하는 한계 시점이다. 당신을 닦달하기 위해 상대방이 쓸데없이 만들어놓은 것이 아니다.

일을 부탁하는 사람이나 부탁받은 사람 모두 기한을 명확하게 제시하도록 하자.

"○○씨, 이 일은 ○월 ○일 ○시까지 해주세요."

"과장님, 이 일은 ○월 ○일 ○시까지 완성하겠습니다."

그렇게 하면 일을 맡긴 사람은 '○○씨가 그 일을 다 했을까? ○○씨가 그 일을 언제 끝내려나?' 하며 조바심을 내지 않아도 된다. 쓸

데없이 그 사람 근처를 맴돌며 '내가 맡긴 일을 하고 있나?' 확인하거나 자신의 생각보다 일이 늦어질 경우 재촉하는 일도 생기지 않는다. 일을 맡은 사람 역시 '과장님께서 주신 일이 급한 건지, 지금 이 일이 급한 건지 모르겠어. 뭐부터 해야 하지? 가능한 한 빨리라고 하셨는데 내일이나 모레쯤 갖다드려도 괜찮을까?'라는 고민 때문에 업무에 집중할 수 없는 일도 생기지 않는다.

그런데 기한에 딱 맞춰서 끝내겠다는 생각도 위험하다. 그렇게 빠듯하게 계획을 세워두었다가 중간에 돌발 상황이 생기거나 갑자기 아프기라도 하면 기한 내에 일을 마칠 수 없기 때문이다. 일을 안전하게 끝내려면 미리 해둬야 한다. 기한이 가까워져야 집중이 잘 된다는 사람들도 있지만, 집중하고 안 하고는 훈련하기에 달렸다. 굳이 기한이 가까워져야만 집중력이 높아진다는 것은 말이 안 된다.

상대방을 기다리게 하지 마라

일을 하다 보면 업무 때문이든 아니든 다른 사람들과 함께 행동해야 할 때가 많다. 함께 거래처를 가야 할 때도 있고, 회의나 업무 협의를 위해 모여야 할 때도 있다. 그래서 각자 자신의 스케줄을 조정해서 시간을 정하지만, 여러 사람이 모이다 보니 모든 사람이 약속 시간에 정확하게 모이기란 쉽지 않다. 거래처와의 상담이 길어지거나 그 시간에 일을 중단할 수 없는 상황이 생길 수도 있다. 그래서 다른 사람에게 기다려달라는 말을 해야 할 경우가 있는데, 그때 그 사람의 성격이 드러난다.

"○○씨, 조금만, 잠깐만 있어봐."

"○○씨, 곧 뒤따라갈 테니까 먼저 가서 자료 좀 받아줘."

"나 기다리지 말고 먼저들 가봐. 곧 갈 테니까."

'잠깐'이나 '곧'이라는 말은 상당히 모호한 표현이다. 일에 빠져 있는 당신은 '잠깐' 몇 가지 일을 마무리했다고 생각하지만, 상대방은 30분 이상 서서 기다릴 수도 있다. 그렇게 모호하게 말하는 사람에게는 "정확히 몇 분이면 되겠어?"라고 물어봐야 한다. 물어보면 보통 5분에서 10분 정도라고 말한다.

하지만 그 시간도 믿을 것이 못 된다. 아무래도 마음이 앞서서 정확하게 몇 분이 걸릴지 판단하기도 힘들거니와 일반적으로 정작 필요한 시간보다 짧게 말하는 경향이 있다. 15분이나 20분 정도 기다려달라고 하면 기다려줄 사람도 없을 뿐만 아니라 그렇게 말하는 것 자체가 비상식적인 일이기 때문에 사람들이 기다려줄 만한 시간으로 줄여서 말하게 되는 것이다. 기다리는 사람도 5분도 못 기다린다고 하면 깐깐하다는 말을 듣게 될까봐 마지못해 승낙하게 된다.

그리고 항상 같은 시간을 기다려달라고 말하는 사람도 있는데, 이는 습관적인 행동이다. 내 친구 중에는 항상 '5분만' 기다려달라는 사람이 있다. 그러면 나는 4분 30초면 안 되겠냐고 묻는다. 그러면 그는 바로 내 말을 알아듣고 10분 정도 걸릴 것 같다고 솔직하게 말한다.

다른 사람을 기다리게 해야 할 때는 필요한 시간보다 조금 길게 말한 다음 그 시간이 지나면 먼저 가라고 하는 건 어떨까?

시계를 멀리 하라

다실茶室에 들어갈 때는 손목시계를 풀고 들어가게 돼 있다. 시계줄이 다기에 부딪혀 상처를 낼 수 있기 때문이다. 그리고 다실이라고 히는 자연스러운 분위기를 중시하는 곳에 현대적인 메커니즘이 맞지 않기 때문이기도 하다.

또 한 가지는 시간에 신경 쓰지 않고 조용히 여유 있는 한때를 즐기기 위해서다. 현대인들은 무의식적으로 시계를 보는 서글픈 습관을 가지고 있다. 그래서 다실에는 시계를 풀고 들어가 시간 외의 것, 이를테면 차와 사람, 공기, 자신의 마음을 바라보라는 뜻이다.

그러나 비즈니스 세계는 시간과의 싸움이다. 아침부터 저녁까지 줄곧 시간에 쫓기게 된다. 그러나 시간에 쫓기다 보면 오히려 일에 집중하지 못할 때가 많다. 기획서나 보고서를 급히 작성할 때는 계속 시계를 보면서 서두르지만 실제로는 큰 효과가 없다. 마음만 급할 뿐 일에 집중하지 못하기 때문에 일의 질이 떨어질 수밖에 없다.

급한 일을 처리할 때는 먼저 시계부터 치우자. 시계를 볼 때마다 일이 중단되지 않도록 하기 위해서, 그리고 시계를 보면서 신경 쓰는 시간을 절약하기 위해서다. 집중하는 시간이 길어질수록 당연히 일의 완성도도 높아질 것이다. 집중력의 가장 큰 적은 시계다.

집중해서 일한 뒤에 시계를 보면 시간이 너무 빨리 지나간 것 같은 느낌이 들 때가 있다. 하지만 그 반대다. 오히려 시간을 절약한 것이다. 다만 시간을 120퍼센트 이상 효율적으로 썼기 때문에 그런 느낌이 드는 것뿐이다.

모르면 질문하라

남들이 다 아는 상식을 자신만 모를 때가 있다. 그럴 때는 창피하게 생각하지 말고 바로 물어야 한다. 진짜 창피한 일은 모르는 것을 묻는 일이 아니라 모르면서 아는 척하거나 그냥 맞장구치는 일이다.

물론 분위기나 이야기의 흐름상 일일이 질문하기 어려울 때도 있다. 그럴 때는 나중에 따로 물어보면 된다. 모두들 당신의 정직함과 솔직한 태도를 높이 평가할 것이다. 머뭇거리다가 모르는 것을 그냥 넘어가면 나중에 곤란한 일을 당할 수도 있다. 모르는 것을 그때그때 묻지 않으면 나중에는 사람들이 하는 말을 이해하지 못해 이야기에 낄 수도 없다.

지식은 벽돌과 같아서 빈틈을 남기고 벽돌을 쌓았다가는 작은 충격에도 무너지는 허술한 벽이 된다. 바로바로 물으면 금방 끝날 것을 괜히 아는 척하고 있다가 어느 순간 무너져버리면 처음부터 다시 쌓아야 하기 때문에 시간이 더 많이 걸린다.

내용이 명확하지 않거나 못 알아들었을 때도 미안해하지 말고 즉시 물어봐야 서로 오해가 생기지 않는다.

특히 외국어로 의사소통을 할 때는 더 조심해야 한다. 알아듣지 못하는 말에 대충 맞장구쳐서는 안 된다. 모르면 "Pardon?(다시 말씀해주시겠습니까?)"이라고 묻는다. 일일이 묻기 어려우면 고개를 갸우뚱거리면서 이해가 안 간다는 표정이라도 짓도록 하자. 그러면 상대방은 천천히 다시 말해줄 것이다.

한때 '미스터 파든'이라는 별명으로 불리던 친구가 있었다. 영어를 배운 지 얼마 안 돼 "Pardon?"이라는 말을 입에 달고 살아서 그렇게 놀렸던 것인데, 우리의 짓궂은 장난에도 굴하지 않고 그 친구는 "Pardon?"을 입에서 놓지 않았다. 결과적으로 그 친구의 영어 실력은 하루가 다르게 늘어 친구들 중에서 가장 영어를 잘 하게 되었고, 모두들 그 친구의 노력을 칭찬했다.

'No'라고 말할 줄 알아야 한다

한창 일하고 있을 때 다른 일을 부탁받게 되면 자신의 일에 차질이 생긴다. 하지만 시키는 사람이 상사일 때는 거절도 못하고, 일을 맡고난 뒤에는 힘들다며 푸념만 늘어놓게 된다.

처리해야 할 일이 많을 때는 우선순위를 정한다. 그리고 다른 일을 부탁받았을 때는 우선 그 일이 얼마나 급한지 자세하게 물어본 다음에 맡아야 한다. 그래야 "아니, 못하겠으면 그때 못하겠다고 말을 했어야지. 시간이 한참 지난 다음에 못하겠다고 하면 어떻게 해." 하는 핀잔을 당하는 일이 안 생긴다.

또한 어느 것부터 먼저 처리해야 하는지는 원칙적으로 자신이 판단해야 하지만 판단하기 어려울 때는 상사와 상의해 결정한다. 자신이 지금 처리해야 하는 일에 지장을 줄 만한 일이라고 판단되면 용기를 내서 "No!"라고 말해야 한다. 물론 거절할 때는 상내방의 반응을 살피며 적절히 대응해야 한다.

직장에는 바쁘지 않은 사람이 없다. 하지만 직장인에게는 바쁘다는 이유로 일을 거부할 권리도 없다. 상사가 시키면 해야 한다. 그렇다고 부하 직원의 상황을 전혀 고려하지 않고 강압적으로 일을 맡기지는 않을 것이다.

상대방은 급하게 일을 맡기게 되어 미안한 마음으로 부탁하는데 제대로 들어보지도 않고 바로 "저 지금 바빠서 안 되겠는데요."라고 서설하면 맡기는 쪽에서도 화가 난다. 그럴 때는 우선 일을 맡기는 쪽의 이야기를 잘 들어본다. 가능하면 그 일이 무엇인지 묻고 자료가 있다면 넘겨받아 검토라도 해본다. 그런 뒤에 "오늘 ○시까지는 맞추기 힘들겠는데요. 오늘 안에 마무리해야 할 D사의 일이 있어서요. 내일 ○시까지는 어떨까요? 그때까지라도 괜찮다면 제가 하겠습니다."라고 말한다.

시간을 다투는 일이라면 상대방이 먼저 "아니, 됐네. 그렇다면 다른 사람에게 맡겨보지. 어쨌든 고맙네." 하면서 일을 맡기지 않을 것이다. 그리고 다른 사람에게 맡길 수 없거나 꼭 당신이 해야 할 상황이라면 D사 일의 기한을 조정하는 등 다른 업무에 해를 끼치지 않도록 처리해줄 것이다.

무리하게 일을 맡았다가 일의 완성도가 떨어지면 스트레스가 쌓여 폭발할 수 있다. 자신의 한계는 누구보다 자신이 가장 잘 안다. 그 한계를 넘지 않도록 스스로 자신을 지켜야 한다.

상사에게 무조건 복종하는 사람 밑에서 일하게 되면 고생이 끊이지 않는다. 그런 사람들은 위에서 명령이 내려오면 무조건 부하 직원에게 떠넘긴다. 자신의 역할이 윗사람과 아랫사람 사이에서 일이 원활하게 진행되도록 조정하는 것이라는 사실을 모르고 단순히 위에서 내려온 명령을 부하 직원들이 잘 하고 있는지 감독하는 것이라고 착각하고 있기 때문이다.

그런 사람들은 부하 직원들이 "No!"라고 말하는 것을 받아들이지 못한다. 한 번에 두 가지 일을 할 수 없다는 사실을 아무리 설명해도 들으려 하지 않는다. 그럴 때는 특단의 방법을 쓰는 수밖에 없다. 더 높은 상사를 직접 만나 상의하는 것이다.

"과장님께서 많이 바쁘신지 제 업무 중 ○○를 조정하시지 않은 채 외근을 나가셔서 어쩔 수 없이 부장님을 찾아뵈었습니다. 빨리 ○○를 조정해주셔야 오늘 새롭게 맡은 △△도 함께 잘 처리할 수 있을 것 같습니다. △△는 ○○와 기한이 겹쳐서 둘을 함께 처리하기에는 역부족입니다. 조정이 안 된다면 둘 중 하나는 다른 사람에게 맡겨야 기한 내에 그 일을 마무리할 수 있습니다."

하지만 그런 자리에서 자신의 직속 상사를 비판하거나 욕해서는 안 된다. 원하는 바를 말하되, 직속 상사가 그 위 상사에게 질책당하는 일이 없도록 조심해야 한다. 문제가 생길 경우 회사에서는 당신보다는 직급이 높은 사람의 말에 먼저 귀를 기울이기 때문에 잘못하다가는 당신이 더 불리해질 수도 있다.

조직에서는 체계를 무시한 돌발 행동에 대해 곱지 않은 시선을 보내는 일이 많다. 반드시 직속 상사에게 한 번이라도 대화를 시도한 뒤에 그 위 상사에게 면담을 청해야 한다. 잘못하다가는 고자질 잘하는 사람으로 낙인찍혀 직장 내에서 왕따가 될 수도 있다.

'No'는 자신의 권리를 행사하는 표현이 아니다. 꼭 해야 할 일을 제대로 처리하기 위한, 자신의 의무를 다하기 위한 방어책이다.

아침에 조금 일찍 출근하라

　항상 1시간 일찍 출근하는 사람이 있다. 유럽 지역과의 거래가 많아 밤새 이메일과 팩스가 오기 때문에 1시간 일찍 출근해서 팩스로 온 서류를 분류하고 이메일을 확인한다. 그리고 혼자서 처리할 수 있는 일은 그 자리에서 바로 처리하고, 상사의 지시가 필요하거나 다른 사람에게 부탁해야 하는 일이라면 이메일일 경우 코멘트를 달아서 전송하고 팩스는 메모를 붙여서 담당자의 책상에 미리 갖다놓는다. 이 모든 일을 출근 시간 전에 끝내놓는다.

　다른 사람들이 아직 출근하지 않은 이른 시간에 일을 하면 그 시간만큼은 자신의 스타일대로 일할 수 있고 또 일의 능률도 오른다. 말을 거는 사람도 없고 전화도 걸려오지 않기 때문에 일에만 집중할 수 있다. 일할 때는 전화가 가장 방해가 된다. 아무리 바빠도 거래처에서 전화가 걸려오면 모든 일을 중단하고 정중하게 받아야 하기 때문이다.

　먼저 시작해야 앞서갈 수 있다. 무슨 일이든 다른 사람보다 먼저 해야 유리한 위치에 설 수 있다. 달리기로 비유하면 당신은 이미 다른 사람들보다 몇 미터 앞에서 달리기 시작한 것이나 마찬가지다. 분명히 유리하다.

자신의 능력이 다른 사람들에 비해 좀 떨어지더라도 처음 몇 미터는 선두를 지킬 수 있다. 그렇게 조금씩 앞서서 출발하다 보면 결국엔 자신보다 능력이 뛰어난 것으로 평가받는 사람들보다 먼저 결승점에 도달할 수 있게 된다. 똑같은 100미터 경주에서 50미터 이상 앞서서 출발한다면 부족한 능력을 충분히 보완할 수 있다는 이야기다.

직장은 서로 협력해서 일을 하는 곳인 동시에 서로 경쟁하는 곳이다. 그래서 모두들 의식적이든 무의식적이든 다른 사람들한테 뒤지지 않고 조금이라도 두각을 나타내려고 노력한다. 그런 경쟁의 원리가 작용하지 않는 직장은 당장 하루를 보내기에는 편할지 모르지만 경쟁사에 뒤져 결과적으로 일터 자체가 사라질 수도 있다.

남들보다 앞서가고 싶다면 매일 아침 조금만 일찍 일을 시작하자. 일찍 출근하면 똑같은 월급을 받으면서도 더 일하기 때문에 손해가 아니냐는 사람도 있을 것이다. 그러나 다른 사람들보다 앞서가기 위해 그 정도의 투자는 필요하다.

업무 진행 상황을 기록하라

일을 척 보면 어느 정도 시간을 들여야 처리할 수 있는지 바로 알 정도가 돼야 그 일의 '전문가'라고 할 수 있다.

'샐러리맨'이라는 말에서는 '회사의 명령이나 지시에 따라 일하고 그에 상응하는 월급을 받아 생활하는 사람'이라는 약하고 소극적인 이미지가 떠오른다. 그래서 요즘에는 샐러리맨이라는 말 대신 '비즈니스맨'이라는 말을 더 많이 사용한다. 비즈니스맨이라는 단어에서는 왠지 적극적으로 일에 임하는 이미지가 연상되기 때문이다.

그러나 비즈니스맨이라는 단어에서는 잘 차려입은 양복에 깔끔한 넥타이, 멋진 헤어스타일 등 외적인 이미지가 강조된다는 단점이 있다. 진지하게 일에 몰두하고 맡은 일에 최선의 노력을 기울이는 내면의 이미지는 잘 드러나지 않는다.

그래서 한 단계 더 발전한 표현이 '프로페셔널', 즉 '전문가'라는 단어다. 샐러리맨은 누구나 될 수 있다. 외적인 면을 꾸며 비즈니스맨처럼 보이는 일도 그리 어렵지 않다. 그러나 자신이 그 일의 '전문가'라고 자신 있게 말할 수 있는지는 한번 생각해볼 일이다.

무작정 열심히 한다고 전문가가 되는 것은 아니다. 일을 처리하는 시간을 정확하게 파악하지 못하면 전문가가 아니다. 자신의 업무 스타일, 장점과 단점을 잘 파악하고 있어야 일에 걸리는 시간을 정확하게 예측할 수 있다. 그러므로 자신의 업무 처리 속도와 과정을 자주 기록해서 자신의 능력에 대한 정확한 데이터를 모아둬야 한다. 일하는 도중에 틈틈이 시간을 기록해서 업무의 흐름도 파악해둔다.

예를 들어 번역을 한다고 하자. 몇 페이지쯤 번역하면 그 이후로는 글이 술술 풀리기 시작한다는 사람도 있을 것이고, 반대로 어느 정도 하면 지겨워져서 오히려 능률이 떨어진다는 사람도 있을 것이다. 하루 중에 오전이 잘 된다는 사람, 오후나 저녁이 잘 된다는 사람 등 개인마다 일을 하는 방식에도 차이가 있을 것이다. 자신만의 그런 특징을 잘 파악해두자. 자신이 어느 시간대에 얼마만큼의 일을 어느 정도로 완성해낼 수 있는지 정확하게 파악하고 있어야 비로소 일에 대한 자신감이 생긴다.

그리고 한 페이지를 번역하는 데 몇 분이 걸리는지도 꼼꼼히 기록해두면, 계약할 때 감당할 수 없는 조건에 서명해서 나중에 계약 위반으로 고생하는 일도 생기지 않을 것이다. 일할 때의 버릇을 잘 이용하면 시간을 효율적으로 활용할 수 있다. 시간은 한정돼 있기 때문에 계획 없이 쓰면 어떤 일도 제대로 할 수 없다.

또한 시간뿐만 아니라 일할 때 가장 좋은 환경 등 다양한 각도에서 자신의 업무 스타일을 분석해두어야 한다. 자신의 능력에 대해 아는 것이 프로페셔널, 즉 전문가가 되는 첫 걸음이다.

다른 일로 기분을 전환하라

오랜만에 만난 친구와 이탈리안 레스토랑에 가서 점심식사를 했다. 이야기를 나누며 정신없이 먹다 보니 스파게티에 치즈가 듬뿍 올라간 여러 가지 음식들이 위에 부담이 되고 말았다. 저녁이 되어 리셉션 장소로 향했다. 도착해보니 테이블 가득 이탈리안 음식이 차려져 있는 게 아닌가. 보기만 해도 속이 느글거려 음식에는 손을 대지 않고 와인만 한 잔 마시고 돌아왔다. 집에 도착해 옷을 갈아입고 나니 그제야 출출해졌다. 아내에게 먹을 거 좀 없냐고 물었더니 아내가 스파게티 재료밖에 없다고 했다. 갑자기 식욕이 사라져서 "됐어. 물이나 한 잔 줘."라고 말하고 말았다.

일을 할 때도 마찬가지다. 아침부터 밤까지 일만 하고 있으면 능률이 떨어진다. 그래서 직장인들은 끊임없이 일상의 작은 변화를 원하는 것 같다. 큰 변화가 생기면 아무래도 새로운 것에 적응할 때까지 어려움을 겪어야 하기 때문에 대체로 크게 노력하지 않아도 되는 '작은' 변화를 바란다.

또한 본인은 깨닫지 못할 수도 있지만 같은 일을 장시간 하다 보면 확실히 능률이 떨어진다. 그럴 때는 적당히 휴식을 취해야 일의 능률이 오른다. 쉬지 않고 일을 계속하면 뭔가 일을 하고 있다는 심리적인 안정감은 있을지 몰라도 몸은 전혀 쉬지 못한다. 적극적으로 휴식을 취해서 몸과 마음이 함께 쉴 수 있는 여유를 만들어야 한다.

잠깐 일어서서 기지개를 펴도 기분 전환이 된다. 화장실에 손을 씻으러 갔다 와도 굳어 있던 다리 근육을 풀 수 있다. 의자에 기대어 2~3분 정도만 눈을 감고 있어도 눈의 피로가 줄어든다. 피곤하다는 느낌이 들거나 오랜 시간 의자에 계속 앉아 있었을 때는 그런 식으로 잠깐씩 기분 전환을 해보자.

갈비를 먹고 나서 또 갈비를 보면 식욕이 생기지 않지만 냉면이 있다면 한 그릇 더 먹을 수 있는 이치와 같다. 다른 일을 해보면 새로운 의욕이 생겨날 것이다. 어차피 기분 전환을 해야 한다면 다른 종류의 일을 해보자. 그 일 또한 자신이 해야 할 일이므로 시간적으로도 전혀 손해를 보지 않기 때문에 바쁠 때는 기분을 전환할 수 있는 좋은 방법이 될 것이다.

자투리 시간을 활용하라

시대의 흐름에 뒤처지지 않으려면 평소에 공부를 게을리 해서는 안 된다. 그러나 일에 에너지를 다 쓰고 나면 집에 와서는 먹고 마시고 자는 게 고작인 사람들이 많다.

게으른 것도 습관이요, 부지런한 것도 습관이다. 항상 적극적인 자세로 공부하는 습관을 가져야 한다. '공부는 하고 싶은데 바빠서 시간이 없다'는 말은 핑계에 지나지 않는다. 공부할 생각이 없는 사람들이 보통 시간이 없다는 말로 자신을 합리화한다. 실제로는 공부를 하고 싶지 않으니까 '시간 없다'는 말로 둘러대는 것이다. 공부할 생각만 있으면 아무리 바빠도 시간을 낼 수 있다. 문제는 공부할 마음이 있는가 하는 것이다.

아무리 일이 바쁘더라도 집에서 식사를 하거나 차를 마실 시간은 있다. 자기 전에 잠깐, 아니면 가족들과 대화를 나누는 사이에도 마음만 먹으면 시간을 효과적으로 쓸 수 있다. 나는 침대 머리맡에 언제나 가벼운 마음으로 읽을 수 있는 책이나 잡지를 놓아둔다. 침대에 누우면 금세 곯아떨어지기는 하지만 단 몇 장이라도 읽으려고 노력한다. 짧은 시간들을 알차게 써야 한다. 잠들기 전에는 긴장이 풀리기 때문에 더 편안하게 책을 읽을 수 있다.

공부를 하면 고민거리나 걱정거리를 잊어버릴 수 있어서 정신 건강에도 좋다. 나는 가끔 자기 전에 읽은 것을 꿈 속에서 생각할 때도 있다. 취침 전 독서도 습관이다. 잠들기 전까지 TV 앞에 있는 게으른 버릇에 비하면 공부도 되고 마음의 안정도 찾을 수 있다.

업무 때문에 거래처를 방문할 때도 언제나 가방에 책이나 잡지를 넣어둔다. 그러면 이동하는 동안 읽을 수도 있고, 너무 일찍 도착했거나 혹은 피치 못하게 기다려야 할 때도 읽으면서 기다릴 수 있어 좋다. 아무것도 하지 않으면서 따분하게 기다리는 모습은 옆에서 보는 사람까지 답답하게 만든다.

가방 없이 간편한 차림으로 외출할 때는 읽고 싶었던 잡지 기사를 뜯어서 주머니에 넣어두면 자투리 시간이 생겼을 때 언제든지 꺼내서 볼 수 있다.

자투리 시간이 생길 경우를 대비해 항상 준비해두자. 시간이 생긴 후에 준비하려면 이미 늦다.

정보원을 제한하라

매일 아침 TV 뉴스를 꼭 봐야 하고 신문도 하나로는 마음이 안 놓인다는 사람들이 있다. 물론 신문사나 방송국마다 관점이 다르기 때문에 취재하는 각도나 뉴스를 처리하는 방식도 조금씩 다르다.

어떤 사건에 깊이 연루됐거나 화제가 되고 있는 정치인이라면 언론에서 자신을 어떻게 평가하는지 궁금할 것이다. 그래서 모든 매체를 다 보려고 할 것이다. 그리고 자신에 대한 기사와 방송을 보면서 말과 행동에 좀 더 주의를 기울이려 할 것이다.

그러나 보통 사람들에게 뉴스는 그저 뉴스일 뿐이다. 사건 보도이기 때문에 신문 하나와 TV 뉴스 한 번이면 족하다.

나는 현재 신문 세 가지를 구독하고 있다. 친구 세 명이 각각 일반 일간지와 경제 일간지 그리고 영자신문에 기사를 쓰기 때문에 어느 것 하나 소홀히 할 수 없다. 물론 그 신문들마다 사건을 다루는 관점이 다르고 성격이 다른 소식을 전하기 때문에 현재 내가 하는 일에 도움이 된다.

예전에는 신문을 읽기 때문에 TV 뉴스를 보지 않았다. 당연한 이야기지만 TV 뉴스가 신문보다 빠르다. 언젠가 우리 고향이 갑작스레 수해를 당한 일이 있었다. 그때 나는 친구와 온천에 있었는데 아침에 TV 뉴스를 본 친구가 그 소식을 알려준 덕분에 전화를 걸어 재빠르게 이러저러한 일에 대처할 수 있었다. 그 이후로 아침 TV 뉴스도 보게 됐다.

단순히 사건에 관한 뉴스를 알고 싶다면 TV 뉴스와 신문 하나면 충분하다. 어느 방송국 뉴스를 봐도 똑같다. 뉴스의 예에서도 알 수 있듯이 현대 사회엔 정보원이 너무 많다. 방대한 양의 정보가 범람하고 있지만 정보의 많은 부분들이 중복되어 있다.

같은 종류의 정보원은 가능하면 하나만 본다. 대부분의 정보원은 생존을 위해 나름대로 노력하고 있기 때문에 중요한 정보는 망라하고 있다. 모든 정보원들을 빠짐없이 훑어봤자 시간에 비해 얻을 수 있는 이익은 아주 미미하다.

정보를 공유하라

정보의 가치는 그 정보를 '누가' 가지고 있느냐와 '언제' 가지고 있느냐에 따라 크게 달라진다. '돼지 목에 진주 목걸이'라는 말처럼 어떤 사람한테는 매우 귀중한 정보가 다른 사람에게는 전혀 도움이 되지 않는 경우가 있다. 그리고 시간이 지나면서 가치가 떨어지거나 완전히 쓸모가 없어지는 정보도 있다.

예를 들어 한 기업이 유럽 시장을 겨냥해 현지에 제조 공장을 설립할 계획이라는 이야기가 나돈다고 하자. 이 이야기는 기업을 유치해야 하는 유럽 국가들에게는 매우 가치 있는 정보다. 이 정보를 다른 나라보다 먼저 입수해 그 기업에 다양한 자료를 제공하고 우대 조치를 계획해둔다면 그만큼 다른 나라들과의 경쟁에서 유리해질 것이다. 그러나 이 정보는 아시아 국가들에게는 아무 가치가 없다. 그리고 진출 계획이 언론에 알려지면 정보의 가치는 더 떨어진다.

가치 있는 정보는 돈이 된다. 그러나 직장에서는 정보를 제공해도 그에 대한 충분한 대가를 받는 경우는 별로 없다. 그저 말로만 고맙다고 하거나 술 한 잔 사는 것이 고작이다. 그러므로 다른 사람에게 도움이 될 만한 정보를 얻게 돼도 섣불리 내놓으려 하지 않는다. 아무런 대가 없이는 가르쳐주고 싶지 않기 때문이다.

그러나 정보는 아무리 막으려 해도 알려지게 돼 있다. 그때 가서 "나는 이미 알고 있었어."라고 말해봐야 소용없다. 알고 있었다는 증거가 없기 때문에 자칫하면 거짓말쟁이라는 오해를 받기 쉽다. 아무리 가치 있는 정보라도 필요한 사람에게 전달되지 않으면 쓸모가 없다. 구슬이 서 말이라도 꿰어야 보배라고 했다. 정보를 필요한 사람에게 알려주면 물질적인 사례는 받지 못하더라도 좋은 정보를 주었다는 평가는 받을 것이다.

회사 기밀에 관련된 정보는 누설해서는 안 되지만 업무와 관련해서 도움이 될 만한 정보가 있다면 아까워하지 말고 필요한 사람에게 가르쳐줘야 한다. 자기에게는 필요 없는 좋은 정보를 손에 넣게 됐다면 도움이 될 만한 사람한테 건네서 활용하도록 하는 게 옳다. 비록 정보에 대한 대가를 전혀 받지 못하더라도 다른 사람에게 도움이 돼서 다행이라고 생각하면 그만큼 자신의 도량이 커지는 것이다.

정보 정리는 사용하기 편리하게

정보를 모아두기만 하면 아무런 의미가 없다. 자신이 활용하기 편하게 정리해둬야 한다. 아무리 기억력이 좋은 사람이라도 세부적인 사항은 시간이 지나면 잊어버린다. 그래서 자료를 모아두고 기록해 두는 것이다. 자료는 자신이 사용하기 가장 편리한 방법으로 정리하면 된다. 필요할 때 바로 꺼내 쓸 수 있는 방법을 스스로 구상해보자.

나는 신문이나 잡지를 스크랩한 것과 수시로 메모한 것을 분류해둔 파일을 가지고 있다. 고객들에게 도움이 될 만한 정보를 따로 모은 파일도 있다. 집필하는 데 필요한 자료나 힌트가 될 만한 것들을 넣어둔 파일도 있다. 어렸을 때부터 취미였던 다도에 관한 자료 파일과 내 인생에 도움이 될 만한 글귀를 모아놓은 파일도 있다. 그리고 특별히 관심을 갖게 된 주제에 관해 수집한 자료를 담아놓은 파일도 있다.

하지만 파일 수는 항상 7개를 넘지 않도록 주의한다. 너무 세분화하면 분류할 때 신경을 많이 써야 하기 때문이다. 너무 세세하게 나눠놓으면 자기만족은 될지 몰라도 막상 자료가 필요할 때 곧바로 찾기 어려운 경우가 있다.

자료를 파일에 넣을 때는 반드시 날짜를 적어놓는다. 시간과 연도도 반드시 써넣는다. 정확하게 써두어야 다시 꺼내볼 때 그 정보에 대한 배경이 좀 더 명확하게 떠오른다.

파일에 자료가 꽉 차면 오래된 것부터 꺼내서 본다. 시간이 지나 가치가 사라진 정보는 즉시 버린다. 아직 필요한 자료는 처음 적어놓았던 날짜 옆에 자료를 꺼내본 날짜를 기입해서 새 정보 쪽에 다시 넣는다.

업무 내용에 따라서는 PC에 정리하는 것이 편리할 때도 있다. 그러나 나는 내 손으로 직접 정리하는 것을 좋아한다. 시각과 감각 그리고 약간의 후각을 이용하기 때문에 기억이 오래 간다. 특히 내 손으로 직접 써넣은 날짜를 보면 그때의 기억이 더 생생하게 떠오르기도 한다.

정보 수집은 적당히

여기저기서 정보화 시대라는 말이 남용되다 보니 이제는 오히려 사람들이 그 말에 휘둘리고 있다는 생각이 들어 안타깝다. 정보를 모으지 않으면 혼자 낙오되지 않을까 하는 불안감에 휩싸인 사람들이 많아졌다는 이야기다. 그런 생각을 하며 주위를 둘러보면 내 주위에도 정말 수많은 정보가 있다는 사실을 새삼 깨닫게 된다.

그래서인지 사람들은 정보를 닥치는 대로 모으려고 한다. 많이 모아두면 일단은 시대의 흐름을 따라가고 있다는 생각에 안심이 되기 때문이다. 그러나 무슨 목적으로 정보를 모을 것인지 먼저 생각해야 한다. 또한 가치 있는 정보를 발견했다면 그 가치를 100% 활용할 수 있는 방안도 함께 모색해야 한다.

정보는 모아놓고 혼자서 흐뭇한 눈으로 감상하거나 친구들한테 자랑 삼아 보여주는 미술작품이 아니다. 자신의 인생이나 일에 도움이 돼야 비로소 정보로서 생명을 얻는다.

사실 정보는 현재보다 오히려 과거에 더 중요했다. 과거에는 정보를 전달하는 수단이 발달하지 않았기 때문에 정보를 수집하는 일이 그리 쉽지 않았다. 그래서 정보를 입수해서 잘 활용하면 사람들을 움직이거나 시장의 움직임을 만들어낼 수 있었다. 2차 세계대전 당시 정부나 군부에 의해 이루어졌던 정보 관리가 가장 좋은 예다.

그러나 최근에는 정보 전달 수단이 발달하면서 누구나 정보를 이용할 수 있게 되었다. 그리고 공적인 조직이나 개인에 대해서는 정보 공개를 요구하는 움직임도 강력해졌다. 어쨌든 정보는 마음만 먹으면 얼마든지 구할 수 있는 시대가 됐고, 그런 만큼 정보에 대한 고마움도 많이 사라졌다.

정보의 양이 많아지면 우선 그 정보의 신뢰성이나 중요성에 대한 판단을 내리기 어렵다. 자신에게 필요한 정보만 수집하려 해도 너무 많아서 직접 정보를 수집해서 확인해보기 전에는 그 내용을 모두 알 수 없다는 것도 문제다. 나중에 자신에게 필요 없는 정보라는 것을 깨닫게 됐을 때는 이미 시간과 에너지를 낭비한 다음이다.

좋은 정보를 입수할 통로나 수단을 제대로 가려낼 만한 시력을 갖춰야 한다. 그리고 그 통로와 수단을 통해서만 정보를 입수하고, 그 내용을 스스로 분석하고 판단해서 자신에게 필요한 핵심만 골라낸다. 이때 주의할 점은 자신이 소화할 수 있는 만큼만 취해야 한다는 것이다. 너무 욕심 부리지 말고 약간의 여유를 남겨두자. 그렇지 않으면 소화불량을 일으켜 어렵게 얻은 정보가 도로아미타불 되는 수가 있다. 너무 많은 정보 때문에 판단의 기준이 흐려지는 것이다.

정보는 내 것이 될 때 비로소 유용한 것이다. 그러므로 잘 흡수될 수 있도록 항상 생각을 하면서 바라봐야 한다.

정보보다 자신의 지혜를 믿어라

정보 전달 수단이 발달하면서 우리는 엄청난 양의 정보에 둘러싸여 살고 있다. 도인이 되어 산으로 들어가지 않는 한 그 영향권에서 벗어나기 어려울 정도다.

일을 잘 하기 위해서는 정치, 경제, 문화 등 모든 분야의 뉴스를 알아야 한다. 그래서 신문이나 TV 등을 보게 되는데, 우리는 그런 매스컴의 영향을 받지 않을 수가 없다. 정보만 얻으려고 해도 정보를 제공하는 방식에 따라 가공되기 때문에 영향을 안 받을 수 없는 것이다.

매스컴의 성보 가공 방식은 안타깝게도 각 매체별로 큰 차이 없이 획일화돼 있다. 매체들끼리 모여 담합할 시간도 없을 텐데 무언의 합의를 본 다음에 보도를 하고 있다는 느낌을 받는다. 정보가 힘을 갖는 시대이기 때문에 그 첨단에 서 있는 매스컴의 힘은 막강하다. 게다가 각 매체들이 합창이라도 하듯 한 목소리를 내면 영향을 받지 않을 수 없다. 상당수의 전문가들도 매스컴의 보도와 논조를 바탕으로 자신의 의견을 피력하고 있다.

그러나 매스컴들이 모두 한 목소리로 같은 보도를 하고 있다면 어딘가 잘못된 것은 아닌지 의심해봐야 한다. 십인십색十人十色이라고 얼굴이 똑같은 사람은 한 사람도 없듯이 사람들의 생각이나 느낌도 모두 같을 수 없다. 만장일치는 진심을 감추고 있을 때만 가능하다.

강자에게는 무릎을 꿇는 게 무난할지도 모른다. 모두가 '오른쪽'이라고 말할 때 혼자서 '왼쪽'이라고 말해봤자 소수가 다수를 이길 수는 없다. 그러나 진실은 진실이다.

정보는 참고만 할 일이다. 정보에 휩쓸려서는 안 된다. 함께 일하는 사람들이 모두 '오른쪽'이라고 말해도 자신이 판단하기에 '왼쪽'이라고 생각되면 '왼쪽'이라고 말하는 용기를 가져야 한다. 특히 다른 사람들이 하나같이 똑같은 정보만을 옳다고 주장할 때는 잘 판단해보고 잘못됐다면 큰 소리로 반대해야 한다.

주변에 흩어져 있는 정보는 모두 오래된 정보다. 오히려 자신의 머리에서 나오는 지혜가 현재의 상황에서 생겨난 새로운 정보다. 그런 만큼 진실에 가깝다. 다른 사람에게 받은 정보는 말하자면 중고제품이고, 자신이 만들어낸 정보가 신제품이다.

반드시 메모하라

나는 직장에서 전화를 받으면 먼저 펜을 들고 책상 위에 있는 메모지를 꺼낸다. 전화로 인사를 나누는 동안 메모지에 날짜와 시간 그리고 상대방의 이름을 쓴다. 날짜는 연월일을 다 쓴다. 날짜를 쓸 때 연도를 적지 않는 경우가 있는데, 메모지를 파일에 넣어두게 되면 앞뒤 자료를 보고 연도를 금방 알 수 있지만 메모지는 파일에 넣지 않는 경우도 있기 때문에 연도를 써두는 것이 좋다.

시간은 항상 필요한 것은 아니지만 시시각각 상황이 바뀔 때가 있기 때문에 그럴 때를 대비해 써두는 것이다. 업무 내용에 따라서는 어느 시점에 상황이 바뀌었는지 나중에 판단해야 할 때가 있는데 그럴 때 아주 중요한 자료가 된다.

전화 내용을 메모해야 하는 중요성에 대해서는 새삼 강조할 필요가 없을 것이다. 인간의 기억력은 믿을 것이 못 된다. 시간이 조금만 지나도 숫자 같은 것은 잘 잊어버린다. 중요한 내용이 4~5개 이상이면 그 중 하나는 잊어버리기 마련이다. 또한 다른 전화가 계속 걸려오거나 사람들을 만나고 중요한 회의에 참석하다 보면 전화가 왔었다는 사실조차 잊어버릴 때가 있다. 당시에는 그 정도는 기억할 수 있다고 생각해도 갑자기 급한 일이 생기면 깜빡하게 된다.

나는 하는 일이 매우 다양하기 때문에 특히 메모의 필요성을 절실히 느끼고 있다. 나이 탓도 있다. 물론 젊으면 기억력이 좋겠지만, 젊다고 해서 기억력에 의존하는 것은 위험하다. 바쁠 때 꼭 문제가 생긴다.

내가 사용하는 메모지는 A4 크기인데 전화 내용을 적다 보면 한 장의 반도 못 쓰는 경우가 허다하다. 그래도 다른 전화를 받을 때는 반드시 다른 페이지에 메모한다. 한 장에 여러 개의 전화 내용을 메모하면 헷갈릴 수 있기 때문이다. 같은 사람한테 걸려온 전화라도 전혀 다른 내용일 때는 페이지를 바꾼다. 나중에 안건별로 파일에 정리해야 할 경우가 있기 때문이다. 종이를 낭비하고 있다는 생각도 들지만, 메모를 시작할 때는 짧게 끝날지 길어질지 알 수 없다. 길어질 때는 3~4장이 될 때도 있다.

종이와 필기도구를 가지고 다녀라

직장에서 일하는 사람들은 항상 메모할 준비가 돼 있어야 한다. 종이와 필기도구 또는 그런 기능을 가진 전자제품을 항상 가지고 다니는 것이 상식이다. 회의할 때뿐만 아니라 거래처에 갈 때도 반드시 가지고 가야 한다. 가방을 가지고 갈 때는 가방 안에 넣어두면 괜찮지만 그래도 바로 꺼내 쓰려면 상의 주머니에 넣어두는 것이 편리하다.

업무를 협의하기 위해 온 사람이 아무렇지도 않게 필기도구를 빌려달라고 하는 경우가 많다. 두뇌가 명석해서 일은 잘 할지 몰라도 사무적인 능력은 떨어지는 사람이다. 사무적인 능력이 떨어지면 항상 다른 사람들에게 폐를 끼치게 돼 있다.

종이와 필기도구는 사내에서도 반드시 가지고 다녀야 한다. 상사가 불렀을 때나 업무 협의를 위해 모이게 됐을 때는 종이와 펜을 들고 가는 습관을 붙여야 한다. 상사에게 지시를 받다 말고 종이와 펜을 가지러 가는 것은 비스니스 세계에서는 추태에 가깝다. 기억력이 아무리 좋아도 상사가 부를 때 아무것도 가지고 가지 않는 것은 비상식적 행동이다.

직장뿐만 아니라 어디에서든 도움이 될 만한 정보를 봤을 때도 즉각 메모한다. 그때는 절대 잊어버리지 않을 것이라고 생각해도 막상 더 중요하고 급한 일이 생기면 바로 잊어버린다. 길에서 메모하는 것은 쉽지 않지만 조금이라도 메모를 해두면 그것이 힌트가 돼서 모든 것을 기억해낼 수 있다.

휴일에 캐주얼 차림으로 나갈 때도 주머니에 작은 볼펜과 종이를 넣어두자. 필기도구가 없어서 중요한 정보를 놓치는 일이 없도록 항상 준비를 해야 한다. 그리고 자기 전에 중요한 것이 생각나거나 좋은 아이디어가 떠오를 때도 있다. 그럴 때를 대비해 베갯머리에도 필기도구를 놓아둔다. 자기 전에는 긴장이 풀리기 때문에 의외로 좋은 생각이 떠오를 수 있는데 그것을 놓치면 자기만 손해다.

학창 시절 친구를 만나라

어떤 정보가 필요한지 정확히 알면 어디서 얻으면 되는지도 대충 알 수 있다. 따라서 문제는 자신이 속해 있는 기업이나 자신에게 현재 어떤 정보가 필요한지를 아는 것이다. 평소에 도움이 될 만한 정보가 없는지 눈을 크게 뜨고 주위를 살펴봐야 한다. 아무리 열심히 찾아봐도 없을 때는 닥치는 대로 정보를 수집하는 수밖에 없다. 그러나 그렇게 되면 시간이 너무 많이 걸려서 분석할 시간이 없어진다.

억지로 찾으려고 하면 오히려 시야가 좁아진다. 그렇게 되면 자신과 직접 관련된 정보 외에는 눈에 띄지 않는다. 그러나 경쟁사보다 한 발 앞서 나가려면 자신이 속해 있는 업계와 직접 관련된 정보보다는 다른 업계의 정보가 오히려 참고가 될 때가 많다.

예를 들어 고객층을 늘리기 위해 자신이 속한 업계의 자료를 모아서 살펴보면 지금까지 자신이 해왔던 것과 크게 다르지 않다는 것을 깨닫게 된다. 그런데 전혀 다른 분야의 정보를 보면 생각지도 못했던 힌트를 얻게 되는 경우가 있다. 사물을 다른 각도에서 바라보는 새로운 시각이 생기기도 하고, 난관을 극복할 수 있는 새로운 방법이 생기기도 한다. 그리고 자신을 객관적으로 바라볼 수 있는 눈이 생기기도 한다.

시야를 넓히기 위해서는 학창 시절의 친구들을 만나는 것이 좋다. 다른 업계에 종사하는 친구면 더 좋다. 허물없는 사이이기 때문에 객관적인 의견을 매우 솔직하게 들을 수 있다. 그리고 친구들은 당신의 장단점과 당신이 지금 처해 있는 상황을 잘 알고 있기 때문에 도움이 될 만한 정보들을 다 주려고 한다.

동창회가 있으면 만사 다 제쳐두고 참석한다. 회사 업무와 직접 관계가 없다고 참석하지 않는 것은 잘못이다. 회사 업무에 도움이 되는 정보와 힌트를 줄 사람들을 만날 수 있는 절호의 기회다. 자신을 객관적으로 바라보기 위해서도 적극적으로 참석하자.

정보 전달은 받는 사람 입장에서

유익한 정보가 있어도 그 정보가 필요한 사람에게 정확하게 전달되지 않으면 아무 쓸모가 없다. 정보를 전달할 때는 받을 사람에게 정확하게 전달하고 그 내용을 이해시켜야 한다.

계약서를 작성할 때는 일반적으로 당사자 간의 통지에 관한 규정을 마련하는데, 대부분은 아직 발신주의를 따르고 있다. 즉 발신한 사실만 증명할 수 있으면 통지가 되었다고 보는 것이다. 그러나 현재는 수신을 확인할 수 있는 방법이 많기 때문에 수신 확인이 된 시점에서 통지가 된 것으로 봐야 한다. 발신만 되면 책임을 다했다고 생각하는 발신주의는 과거 권위주의적 발상이다. 받아야 할 사람이 정보를 받아 정확하게 이해할 때까지를 발신자의 책임이라고 생각해야 한다.

의사소통은 단순히 메시지의 전달만을 의미하는 것이 아니다. 전하고자 하는 메시지가 전달되어 상대방이 이해함으로써 발신자와 수신자가 완전히 똑같은 메시지를 공유하게 됐을 때 비로소 의사소통이 이루어졌다고 할 수 있다.

정보가 도착했는지 직접 확인할 경우에는 상대방의 대답으로도 알 수 있고 상대방의 눈을 봐도 알 수 있다. 그러나 내용을 정확하게 이해했는지는 그것만으로는 확인하기 어렵다. 가장 좋은 방법은 군대식 복창인데, 전달 내용을 반복해서 따라하게 하는 것이다.

그러나 실제로 부하 직원이 상사에게 복창하라고 요구하는 것은 불가능에 가깝고, 상사도 부하 직원에게 복창하라고 말하기 쉽지 않다. 정보를 받은 사람이 알아서 자발적으로 확인하면 문제는 간단하다. 사실 정보를 받은 사람이 그 내용을 반복해서 확인하는 것이 정보를 받은 사람의 매너이자 실질적인 방식이다.

문서로 정보를 전달할 때는 받은 사람이 받았다는 사실을 발신자에게 알려주면 된다. 중요한 정보일 때는 발신자가 전화로 확인한 다음 요점을 설명해서 정확하게 이해시키는 것이 좋다.

정보가 정확하게 전달되지 않았을 때는 발신자와 수신자 모두에게 잘못이 있다고 생각해야 오해나 이해 부족이 생기지 않는다. 오해를

하게 만든 사람은 표현이 정확하지 않았기 때문에 잘못이 있고 오해
를 한 사람은 깊이 생각하지 않은 것이 잘못이다.

정보를 전달한 후에는 반드시 확인하라

사내나 부서에서 직원 전원에게 정보를 전달해야 할 때는 일반적
으로 문서나 이메일을 돌린다. 그런데 간혹 말로 전하는 경우가 있
다. 그러나 말로 전달하면 전달되는 과정에서 요점이 달라지거나 중
요한 내용이 빠지거나 혹은 잘못 해석되는 경우가 생기기 때문에 가
능한 한 이 방법은 피하는 것이 좋다.

반드시 말로 하고 싶다면 얼굴을 보면서 직접 말하는 것이 원칙이
다. 물론 전달해야 하는 사람이 몇 명이냐에 따라 상황은 달라지
겠지만, 보통 2~3명 정도라면 모두 모아놓고 회의 형식으로 하
는 것이 가장 효과적이다.

만약 회의에 참석하지 못하는 사람이 있으면 참석하지 못한 사람
들만을 위해 다시 회의를 열어서 전달한다. 중요한 정보라면 한 번

더 회의를 하는 정도의 열의는 있어야 한다. 그리고 회의를 두 번이나 하면서 정보를 전달하면 정보의 중요성을 모두 인식하게 된다는 이점도 있다. 정보 전달의 책임은 수신자가 정보를 받아 이해할 때까지라는 것을 항상 잊지 말자.

정보 전달을 위한 회의에서도 일방적으로 설명만 하지 말고 자료를 나눠준 다음 읽을 시간을 충분히 주고 질문도 받는다. 대체로 열심히 들은 사람일수록 질문이 많다. 질문이 없다는 것은 이해를 했기 때문이 아니다. 오히려 내용을 충분히 이해하지 못했거나 이야기의 핵심이 어디에 있는지 모를 때 질문이 없다. 내용에서 벗어난 질문을 하거나 엉뚱한 이야기를 해서 창피를 당할까봐 질문할 용기를 내지 못하는 것이다. 또한 정보를 전달하는 사람이 대하기 어려운 상대면 말하는 사람과 듣는 사람 사이에 의사소통이 잘 이루어지지 않기 때문에 질문이 나오지 않을 수도 있다.

반면에 내용을 잘 이해했을 때는 더 많이 알고 싶어 하고 더 구체적인 예를 듣고 싶어 한다. 때로는 자신이 잘 이해했다는 점을 조금은 과시하고 싶은 생각이 들 때도 있다.

한 사람이 많은 사람에게 전달해야 할 때 정보가 잘 전달되고 있는지는 질문이 있는지 없는지와 질문의 내용을 보면 알 수 있다. 질문이 없으면 지명을 해서라도 질문을 하게 해야 한다. 질문하는 내용을 들어보고 정보의 내용이 정확하게 전달됐는지 확인한다.

창조력이 미래다

창조력은 문예, 회화, 조각, 음악, 연극과 같은 예술 분야에만 필요하다고 생각하는 사람이 많다. 비즈니스에서도 창조력이 필요하다고 말하면 비즈니스에 무슨 창조력이 필요하냐며 웃어넘기기 일쑤다. 하나같이 창조니 상상이니 하는 것으로는 돈을 벌 수 없다며 무조건 일만 열심히 하면 된다고 말한다.

그러나 옛날부터 계속돼온 일을 구태의연한 방식으로 그대로 하거나 다른 사람이 하는 것을 흉내만 낸다면 비즈니스 세계에서 낙오할 수밖에 없다. 옛날에는 변화 속도가 그렇게 빠르지 않았기 때문에 일만 열심히 하면 신용이 쌓여서 망하는 일은 없었다. 그리고 돈 잘 버는 사람들을 흉내만 내도 돈을 벌 수 있었다. 일본의 옛 속담에 '버드나무 밑이라고 다 미꾸라지가 있을까'라는 말이 있는데, 모든 버드나무 밑에 미꾸라지가 있는 것은 아니라는 뜻이다. 그러나 과거에는 '버드나무 밑에 미꾸라지'가 있을 확률이 높을 때도 있었다. 2차 세계 대전 이후 일본에서는 외국, 특히 미국에서 성공을 거둔 비즈니스를 그대로 일본으로 들여와 크게 성공한 사람들도 많았다.

하지만 요즘처럼 빠르게 변화하는 시대에는 그저 남 흉내만 내다가는 혼자만 뒤처지기 십상이다. 다른 사람이 성공한 일을 연구해서 흉내 낼 수 있을 때가 되면 때는 이미 늦다. 잘 돼봐야 다른 사람 꽁무니만 따라다니면서 거기에서 떨어지는 이익만 바라보는 정도밖에는 되지 않는다.

시대를 앞서가려면 현실을 잘 관찰해서 미래를 예측할 수 있어야 한다. 그런 선행 지표들은 기발한 아이디어로 사업을 하는 사람들이나 유행 속에서 찾을 수 있다.

힌트를 얻으면 거기서 생각을 더 발전시켜나간다. 미래 사람들의 생활이나 행동 양식에 필요한 것이 무엇인지 생각한다. 계속해서 시행착오를 경험하게 될 수도 있지만. 그 사이에 새로운 아이디어들이 떠오를 것이다. 그것이 바로 창조며, 비즈니스 사회가 현재 필요로 하는 것이다.

예술 분야의 창조도 인간이 필요로 하는 것을 미리 예견해서 인간의 감성에 호소하는 작품을 만들어가는 것이다. 인간의 수요에 새로운 것을 공급하기 위해서는 창조력이 반드시 필요하다.

주위를 주의 깊게 관찰하라

창조는 그냥 생겨나는 것이 아니다. 아무리 간단한 발상도 나름의 토대가 있어야 할 수 있다. 즉 지금까지 쌓아온 경험과 지식이라는 토양이 있어야 비로소 창조력이 싹트는 것이다. 창조력이라는 싹이 터서 잎과 줄기가 되고 봉오리가 생기고 꽃이 필 때까지 빛과 물, 비료라는 에너지원과 자극이 필요하다. 멋진 아이디어도 우연히 떠오르는 것이 아니다. 그 나름의 바탕이 있기 때문에 가능한 것이다.

기발한 발상이나 아이디어는 언뜻 보면 아무 노력 없이 우연히 나온 것처럼 생각하기 쉽다. 그래서 칭찬만 하고 정당한 대가를 치르지 않고 이용하려는 경향이 있다. 그러나 그때까지 기울여온 노력의 결과라는 점을 잊어서는 안 된다. 비옥한 토양을 만들고 빛이 잘 들도록 보살피고 비가 오랫동안 오지 않을 때는 물을 주는 등 정성을 다해서 생겨난 결과다. 꽃이 핀 것만 보고 가볍게 판단해서는 안 된다.

아이디어의 힌트를 찾으려면 평소에 꾸준히 노력해야 한다. 누구나 할 수 있는 방법은 자기 주변을 주의 깊게 관찰해보는 것이다. 단, 고정관념을 가지고 보면 아무 의미가 없다. 모든 선입견을 버리고 허심탄회하게 관찰한다. 예를 들어 책을 관찰해본다. 먼저 왼쪽에서 오른쪽으로 펼치는 것과 오른쪽에서 왼쪽으로 펼치는 것이 있다. 당연하다고 생각하고 그 이상 아무것도 생각하지 않으면 창조력은 절대로 자라지 않는다.

왜 아래에서 위로 펴는 책은 없는 것일까? 단순히 습관 때문일까? 사전처럼 항상 가까이 두고 보는 책은 아래에서 위로 펼 수 있게 만드는 것이 펼쳤을 때 옆 공간을 많이 차지하지 않기 때문에 더 편리하지 않을까? 이런 식으로 관찰하고 모든 각도에서 생각해본다. 물론 결국에는 현재의 방식이 가장 무난하고 편리하다는 결론에 이를 수도 있다. 그러나 그렇게 관찰하고 이리저리 다른 시각으로 생각해봤던 경험들이 당장 직접적으로는 도움이 되지 않더라도 나중에 다른 일에서 아이디어를 떠올릴 수 있는 바탕이 될 수 있다.

주의 깊게 관찰하면 할수록 왜 그렇게 되어 있는지 깊게 생각하게 된다. 머리를 이리저리 회전시키다 보면 그 속에서 아이디어가 튀어나올 것이다.

발상을 자유롭게

마케팅을 위한 자유로운 발상이 필요하다면 회의를 하는 것은 그리 좋은 방법이 못 된다. 진지한 표정으로 얼굴을 맞대고 아무리 이야기를 해봐도 좋은 아이디어는 나오지 않을 것이다. 발상을 자유롭게 할 수 있는 분위기가 아니기 때문이다.

자유로운 발상을 해야 한다면 우선 억누르고 있는 모든 요소를 가능한 한 없애야 한다. 먼저 회의실이라는 딥답한 분위기 속에서는 자유로운 발상이 나오기 어렵다. 마음과 몸이 모두 해방될 수 있는 곳을 찾아야 한다. 공기 좋고 인적이 드문 시골 산장이 제격이다.

그리고 양복에 넥타이를 매고 있으면 머리의 유연한 회전을 기대하기 어렵다. 가장 편한 복장을 하는 것이 좋은데, 일반적인 것이 헐렁한 셔츠에 청바지일 것이다. 누구나 한두 번은 휴일에 꼭 처리해야 할 일이 있어 캐주얼 복장으로 회사에 나가본 적이 있을 것이다. 같은 일이라도 마음이 편안하기 때문에 그만큼 융통성이 생긴다.

휴일에 출근해보면 다른 부서 사람들도 없고 외부에서 전화도 걸려오지 않기 때문에 방해받지 않고 일을 할 수 있다. 휴일의 텅 빈 회사만 해도 그렇게 해방감을 느낄 수 있을 정도니 장소를 완전히 바꾸면 기분이나 생각이 완전히 바뀔 것이다. 그런 분위기에서 신제품에 대한 마케팅을 생각하면 신선한 아이디어가 나올 것이다. 그리고 브레인스토밍 형식으로 이야기를 진행하면 아주 좋은 결과를 기대할 수 있다.

브레인스토밍이란 함께 모여서 생각나는 대로 이야기하고 거기에 살을 붙여서 발전시켜나가는 방식을 말한다. 황당무계한 이야기라도 절대 비판해서는 안 된다. 상식이나 논리의 틀에서 완전히 벗어나야 한다. 억압된 감정을 분출하기 위해서는 술이 들어가는 것도 좋다. 다만 술은 몸과 마음의 긴장을 풀기 위한 것이기 때문에 취할 때까지 마시면 안 된다.

회사에서 브레인스토밍을 할 여건이 마련되어 있지 않을 때는 뜻을 같이 하는 사람들끼리 모여 시도해보는 것도 좋다. 회사 업무와 관계된 것에 대해 진지하게 토론하는 모임을 만드는 것도 좋지만, 장기적인 관점에서 보면 브레인스토밍을 하는 것이 회사를 위해서나 자신을 위해 훨씬 효과적일 것이다.

스스로 편해질 수 있는 방법을 찾아라

입사 초기에는 모든 것이 서툴고 모르는 것투성이다. 그러다 보니 상사나 선배가 시키는 대로 우왕좌왕하면서 일을 하게 되고, 의문 나는 점이 있어도 쉽게 묻지 못한다. 그래서 어떻게든 일을 빨리 익혀야겠다는 생각에 무리를 하다 보면 어느새 지쳐서 게으름을 피우게 된다.

그러나 그렇게 일로부터 도망가기 시작하면 일은 점점 더 힘들어진다. 아무리 간단한 일도 미뤄두면 눈 깜짝할 사이에 쌓인다. 그래서 일을 미뤄두고 무작정 쉬어버리면 나중에는 그만큼 더 바빠져서 자신의 목을 조르는 결과가 된다.

일을 할 때는 처음부터 적극적으로 부딪쳐봐야 한다. 일을 빨리빨리 처리하면 새로운 일을 계속해서 받게 되지 않을까 걱정하는 사람도 있다. 그러나 가능하다면 자신의 업무 처리 능력이 어느 정도인지 시험해보는 것도 좋은 경험이 될 것이다. 할 수 있는 일을 일부러 하지 않아도 스트레스가 될 수 있다.

게으르거나 나태해져서가 아니라 인간은 누구나 편한 것을 추구한다. 편해지고 싶다면 일의 능률을 높여라. 일의 능률을 높인 만큼 편해질 것이다.

이를테면 문서 작성을 한다고 하자. 대충의 초안을 만들어놓고 여러 번 고치는 사람이 있는데, 그런 방식은 너무 비효율적이다. 처음부터 잘 생각해서 한 번에 작성하고 마지막으로 한 번 훑어보는 것이 빠르다. 물론 매우 중요한 문서일 때는 실수가 없도록 여러 번 체크해야 한다. 하지만 나중에 여러 번 체크할 생각으로 작성하거나 상사가 꼼꼼하게 체크할 거라는 생각으로 작성하면 대충 하게 되는 경향이 있다.

자신이 작성한 문서가 그대로 외부로 나간다는 생각으로, 그리고 한 번에 완성하겠다는 마음가짐으로 일에 임해야 한다. 대충 해도 신경은 쓰인다. 한 번에 정신을 집중해서 하는 것이 덜 피곤하고 능률적이다. 일을 편하게 하는 방법 중 하나가 어떻게든 한 번에 완성하는 것이다.

다른 분야를 공부하라

일을 잘 하기 위해서는 자신의 업무와 관련된 공부를 다양하게 해야 한다. 경리와 관련된 일을 하고 있다면 회계 공부를 해야 하고 판매기획 업무를 보고 있다면 마케팅 공부를 해야 한다. 물론 경리 관련 업무를 보지 않더라도 재무제표를 대충 읽을 수 있을 정도는 되어야 한다. 그 밖에 자사 상품에 관한 지식도 필요하고, 업계와 관련된 법규나 제도도 어느 정도는 공부를 해둬야 한다. 업무와 관련된 공부는 언젠가 반드시 필요하기 때문이다.

그런데 비즈니스 세계에서는 자신의 업무와 관련된 공부만으로는 부족하다. 학교에서는 배운 것 외의 것이 시험에 나오는 경우는 드물다. 그러나 사회에서는 돌발적인 상황이 빈번하게 발생하고 그때마다 신속하게 적절한 조치를 취하지 않으면 커다란 피해를 보게 되는 경우가 다반사다. 그래서 학생 때보다 훨씬 폭넓은 분야를 공부하지 않으면 경쟁에서 살아남을 수 없다.

학교에서는 학생들끼리만 경쟁하면 됐다. 학교는 최소한의 규직만 지키면 바깥세상으로부터 보호받을 수 있는 일종의 폐쇄된 세계였다. 그러나 비즈니스 세계는 열린 세상이다. 자유롭게 행동할 수 있는 부분도 많지만, 언제 어디서 공격을 받고 발목을 잡힐지 모르기 때문에 항상 예측할 수 없는 일에 대비하면서 살아야 한다.

그러므로 업무에 관한 공부만으로는 부족하다. 직접적으로는 도움이 되지 않을 수도 있는 전혀 다른 분야에 대해서도 공부해야 한다. 그런 공부들이 쌓이면 언젠가 기발한 아이디어를 떠올리는 힌트가 되거나 힌트를 얻을 수 있는 계기를 마련해줄 것이다.

그리고 다른 분야에 대해 알고 있으면 마음의 여유도 생기고 넓은 시각으로 사물을 바라보는 데도 도움이 된다. 예를 들어 유도를 배워보자. 전혀 다른 분야의 사람들과 만나서 전혀 다른 가치관을 배우게 될 것이다. 그리고 무조건 밀어붙이지만 말고 타인의 힘을 이용해야 한다는 단순한 원리도 배우게 될 것이다.

여행을 떠나라

비즈니스를 하는 사람들은 기회가 있을 때마다 여행을 가야 한다.

출장 기회가 생기면 자원을 해서라도 가야 한다. 처리해야 할 일이 많을 때는 출장이 달갑지 않을 것이다. 그러나 여행은 바쁠 때 갈수록 효과가 크다.

사무실에 틀어박혀 일에 쫓기다 보면 시야가 좁아지기 마련이다. 그럴 때 여행을 가면 바깥세상에서 객관적으로 자신을 보게 된다. 틀에 박힌 일상 업무에서 해방되기 때문에 사물이나 세상을 보는 시각이 달라지는 것이다.

항상 같이 일하는 사람들과 전혀 다른 스타일의 사람들을 만나서 다른 가치관을 접하게 된다. 특히 출장지가 외국일 때는 말만 다른 것이 아니라 사고방식도 전혀 다르다. 다른 문화를 접하면서 새로운 것을 알게 되면 자기 계발도 된다.

회사를 다닐 때는 가족과 상사, 동료, 부하 직원 등 많은 사람의 도움을 받으면서 생활한다. 그런데 여행을 가게 되면 모든 것을 혼자 힘으로 해야 되기 때문에 평소에는 당연하다고 생각했던 것에 대해 감사하는 마음도 생겨난다.

여행이라고 해서 경치나 둘러보고 그 지방 음식이나 즐기면서 아무 생각 없이 편안히 놀다 오면 의미가 없다. 모처럼 자신을 되돌아볼 수 있는 시간을 갖게 된 것이므로 차분히 자신을 반성해본다. 그리고 출장의 경우 업무 방식이나 처리 질차 등을 주의 깊게 살펴서 상단점을 검토하고 직접 활용할 만한 것이 있는지 생각한다. 그래야 견

문도 넓어진다.

외국으로 출장을 갔다 오면 몰라보게 달라져서 돌아오는 사람들
이 있다. 새로운 자극을 받아 완전히 달라진 것이다. 물론 외국의 방
식을 무조건 흉내 내는 것은 바람직하지 못하다. 그러나 기존의 것과
다른 방식으로 해보면 기분 전환도 되고 새로운 의욕도 생겨난다.
창조는 아니더라도 뭔가 새로운 것을 해보려는 시도는 현실을 타파
하기 위한 좋은 자세다. 일상에서 벗어나 멀리 떠나면 떠날수록 자
신의 장단점을 객관적으로 볼 수 있다.

거꾸로 보아라

지금 하고 있는 일의 문제점을 찾거나 새로운 것을 만들어야 할
때 가장 간단하게 해볼 수 있는 것이 거꾸로 해보는 것이다. 광고에
서 흔히 볼 수 있는 방법이다. 보통 광고 카피는 글씨를 크게 하거
나 글씨체나 색을 유별나게 해서 사람들의 눈을 사로잡는다. 독특
한 문구로 보는 사람들의 마음에 강하게 호소하기도 한다. 사람들

의 눈길을 끌기 위해 광고지를 거꾸로 붙이기도 한다. 글씨가 거꾸로 쓰여 있으면 금방 눈에 들어오지 않기 때문에 더 궁금해서 열심히 읽으려고 한다.

일본어는 세로쓰기일 때는 위에서 아래로 써 내려가고 행을 바꿀 때는 왼쪽으로 옮겨간다. 옛날 병풍 중에는 행을 왼쪽에서 오른쪽으로 옮겨가며 쓴 것이 있는데 읽기가 생각처럼 쉽지 않다. 순서를 반대로 하면 순간적으로 잘 읽히지 않는다. 특히 세로쓰기를 밑에서부터 써 올라가면 사람들은 습관적으로 위에서부터 읽어 내려가기 때문에 무슨 말인지 쉽게 알아차리지 못한다. 그러면 사람들을 혼란스럽게 해서 눈길을 끈다는 광고의 첫 번째 목표는 달성한 셈이다.

그래도 거꾸로 된 문장은 마음만 먹으면 얼마든지 읽을 수 있다. 그렇다면 말은 어떨까? 처음에는 아무도 이해하지 못하기 때문에 사람들의 흥미를 끌 수 있다. 무슨 뜻일까 생각하면서 그 말에 조금씩 익숙해지면 거꾸로 말하고 있다는 것을 알게 된다. 이런 것에 대해 사람들이 호의적으로 반응을 보이느냐 하는 문제는 차치하고라도 분명이 관심은 끌 수 있다.

거꾸로 하는 방식을 일할 때 활용해보자. 현재의 시스템을 반대로 해보면 어떨지 생각해보거나 직접 실험해보는 것이다. 그러면 시스템의 장단점을 쉽게 알 수 있게 되고 개선해야 할 점도 보인다. 그리고 다른 사람과 일할 때는 상대방의 입장에서 생각하면 문제점을 좀 더 명확하게 알 수 있게 돼서 보다 효과적으로 업무를 진행할 수 있다.

빼보아라

가정에서든 직장에서든 생활하다 보면 짐이 자꾸만 늘게 된다. 아주 드물게 그렇지 않은 사람들을 간혹 만나게 되는데, 그런 사람들은 항상 주변을 깨끗이 정리하고, 필요하지 않은 물건은 구입하지 않고, 일도 미루지 않고 바로바로 처리한다. 그런 사람들은 물건뿐만 아니라 마음도 항상 정리정돈이 잘 돼 있다.

그러나 보통 사람들에게는 매우 어려운 일이다. 보통 사람들은 가지고 싶은 물건이 있으면 필요한지 생각해보지도 않고 그냥 구입한다. 쓸모가 없는 물건들도 잘 버리지 못한다. 일도 어떻게 할까 고민만 할 뿐이지 아무 진전이 없다.

그러나 일할 때는 달라져야 한다. 직장에서는 효율성이 가장 중요하기 때문에 항상 신속하게 행동할 수 있도록 몸과 마음을 가볍게 해둬야 한다.

일의 효율을 높이고자 할 때는 우선 필요 없는 것이 무언지 생각한다. 불필요한 것을 제거하면 그만큼 효율이 높아진다.

오래된 회사일수록 업무 처리 방식에도 불필요한 것이 많다. 과거에는 필요했지만 이제는 불필요해진 일도 적지 않을 것이다. 특히 예전부터 사용해온 서식이나 정보 전달 루트 등은 자주 검토해봐야 한다. 일이든, 물건이든, 사람이든, 그것이 없으면 어떻게 될지 가정해서 생각해봐야 한다.

일부분만 없애는 것이 좋을 때도 있다. 크기를 줄이기만 해도 좋아지는 경우도 있다. 중간 부분을 생략하면 업무가 훨씬 원활해지는 경우도 있다. 시스템은 시간이 지나면서 서서히 거대해지고 복잡해진다. 그럴 때 전혀 새로운 시스템을 생각해내기보다는 현재의 시스템에서 꼭 필요한 것이 아닌 부분을 빼기만 해도 훨씬 좋아진다.

건강도 마찬가지지만 '군살 빼기'는 세계적인 흐름이다. 직장에서도 최대한 군살을 빼야 한다.

더해보아라

신상품이 나왔다고 해서 보면 기존 상품의 일부만 바꾸었거나 새로운 기능을 추가한 경우가 대부분이다. 개중에는 외관만 바꾸어 신상품으로 내놓는 경우도 있다. 혹은 다른 기능을 가지고 있는 두 상품을 합쳐서 두 기능을 모두 갖춘 하나의 상품을 만드는 경우도 있다. 가장 좋은 예가 지우개 달린 연필이다. 글씨를 쓰다가 지우개가 필요하면 연필을 돌리기만 하면 된다. 연필에 단순히 지우개를 붙인 것뿐이지만 매우 편리하다.

아무리 기상천외하고 독창적인 것도 무(無)에서 나온 것은 없다. 그때까지 있었던 것을 토대로 해서 만들어지는 것이다. 신상품뿐만 아니라 업무 방식이나 시스템도 원래 있었던 것에 새로운 것을 추가하거나 규모를 확대해서 만들어낸다.

그러나 주의할 점은 부가적인 기능이 너무 많아지면 본래의 기능이 약해질 수 있다는 것이다. 그리고 부가적인 기능이 모두 필요하지 않은 사람들은 그것 때문에 가격이 올라가는 것을 원치 않는다는 것이다. 새로운 기능을 추가할 때는 먼저 많은 사람이 필요로 하는 기능인지 검토한 다음 가치 있는 것만을 골라서 덧붙여야 한다.

일을 할 때도 간단한 작업을 추가함으로써 일을 더 효율적으로 할 수 있는 방법이 있는지 항상 생각해보도록 하자. 예를 들어 업무상 필요한 다양한 정보를 모았다고 하자. 자료는 분류해두지 않으면 나중에 찾기가 어렵다. 자료를 분류할 때 자료에 번호나 기호를 붙이고 목록과 목차를 만든다. 분량이 많은 제안서는 2~3페이지 정도의 요약본을 첨부한다. 요약본은 제안서의 세세한 부분까지 볼 필요가 없는 사람들에게 많은 도움이 된다. 나중에 참고해야 하는 서류에는 메모지를 붙여서 파일에 넣어둔다. 미리 그렇게 해두면 서류를 차례대로 다 보지 않아도 된다. 이런 것들이 뭔가를 보탬으로써 일의 능률을 높일 수 있는 지혜다.

비즈니스에서 필요로 하는 창조는 거창한 창조가 아니다. 일을 효율적으로 하기 위해 기존의 것을 잘 활용하는 작업이다.

섞어보아라

시너지(상승) 효과라는 말이 있다. 두 개 이상의 힘이 함께 작용할 경우 따로따로 움직였을 때 생겨난 효과를 합한 것보다 더 크고 많은 효과를 낸다는 의미다. 즉 1 더하기 1은 2가 아니라 3이 되기도 하고 4가 되기도 한다는 것이다. 하나하나가 각각의 힘을 발휘하는 동시에 각각의 힘이 서로 작용해 새로운 에너지를 생성하기 때문이다. 하나의 힘이 하나만을 위해서가 아니라 다른 하나를 위해서도 이용되는 것이다. 따로따로 작용했다면 하나의 힘은 하나의 효과밖에 낼 수 없지만 함께 작용하기 때문에 그 이상의 효과가 나오는 것이다.

사람들이 회사에 모여서 일하는 것도 시너지 효과 때문이다. 따라서 일을 할 때는 항상 시너지 효과를 생각해야 한다. 시너지 효과를 내기 위해서는 우선 각자가 협력하려는 마음이 있어야 한다. 일을 혼자서 하려고 하면 안 된다. 자신이 담당하고 있는 일은 물론 혼자서 처리하는 것이 원칙이지만 도움이나 조언이 필요할 때는 주저하지 말고 상사나 동료, 부하 직원에게 요청한다. 다른 사람이 자신에게 도움을 요청할 때도 적극적으로 협력한다. 서로 돕다 보면 경쟁심이 생겨나서 더 열심히 해야겠다는 생각을 갖게 되고, 그러면서 또 함께 성장하게 되는 것이다.

상대방의 힘을 이용하고 자신의 힘을 상대방에게 빌려주려는 마음을 가지고 있으면 시너지 효과가 엄청나게 커진다. 그런데 상대방의 힘은 이용하면서 자신의 힘은 빌려주지 않으려고 하면 상대방도 같은 생각을 갖게 되고 결국에는 모두 힘을 아끼게 된다. 이것이 시너지의 마이너스 효과다.

지위와 상관없이 서로의 힘을 빌리기도 하고 빌려주기도 하는 풍조를 회사에 만들어야 한다. 새로운 아이디어가 필요하다면 혼자서 고민하지 말고 다른 사람들과 함께 의논해본다. 직장에서 기회 있을 때마다 여러 사람과 자주 섞이다 보면 풍부한 에너지와 아이디어를 얻을 수 있다. 다른 사람들과 탁구를 하듯 의견을 주거니 받거니 하다 보면 아이디어가 떠오를 것이다. 시너지 효과를 이용하면 새로운 지혜를 발견하게 된다.

내부의 적,
슬럼프를
이겨라

71 슬럼프를 기회로 삼아라 | 72 습관을 바꿔라 | 73 어려운 일에 도전하라 | 74 뜨는 해와 지는 해를 바라보라 | 75 인간관계를 점검하라 | 76 행운은 공부한 다음에 기다려라 | 77 기도하라 | 78 주말에는 몸과 마음을 비운다 | 79 밀어서 안 되면 당겨보라 | 80 성급하면 자기만 손해다

슬럼프를 기회로 삼아라

하는 일마다 잘 안 되고 실패하는 일이 많아서 고민해본 적이 있을 것이다. 회사에 좋은 일이 생겨도 자신하고는 무관하다. 행운의 여신은 언제나 멀리 있고 자신에겐 다가오지 않는다. 결과가 항상 안 좋아서 차라리 아무것도 하지 않는 것이 낫겠다는 생각까지 든다.

그러나 직장에서는 아무것도 하지 않는다는 것은 허용되지 않는다. 그럴 때는 주변 사람들에게 자신의 컨디션을 말하고 자신이 한 일에 대해 체크해달라고 부탁한다. 그런 다음 자신이 슬럼프에 빠지게 된 원인에 대해 생각해본다. 걱정거리가 있는지, 몸이 안 좋은지…. 분명히 원인이 있을 것이다.

슬럼프의 원인을 알아야 거기서 벗어날 수 있다. 원인을 모르거나 원인을 인정하고 싶지 않을 때는 슬럼프에서 벗어날 수 없다. 가족이나 가까운 친구와 상의해보자. 직장에 의지할 만한 사람이 있으면 그 사람과 상의해도 좋다. 자신의 이야기를 털어놓기만 해도 우울했던 기분이 어느 정도는 사라진다.

슬럼프에 빠졌을 때 강한 사람은 혼자서 고민하는 것도 경험이 되겠지만 약한 사람은 이야기를 들어줄 사람이 반드시 필요하다. 일반적으로 고민은 자신의 입장에서 이야기를 들어줄 사람만 있어도 반으로 줄어든다.

그런데 슬럼프에서 빠져나올 수 있는 방법을 알아도 실천하기는 쉽지 않다. 그래서 슬럼프에 빠졌다고 말하는 것이다. 그럴 땐 시간이 필요하다.

슬럼프에 빠졌다는 것은 제일 밑바닥에 있다는 이야기다. 아무리 열심히 뛰어도 결과가 좋지 않을 때는 주변을 관찰하면서 열심히 뛰어다닐 정도로 컨디션이 좋았을 때의 자신의 모습을 돌아본다.

슬럼프를 신이 내린 휴가라고 생각하자. 자신의 생활과 업무 스타일에 대해 천천히 돌아보고, 주변 사람들이 자신에 대해 어떻게 생각하고 있는지 알 수 있는 좋은 기회로 받아들인다.

습관을 바꿔라

아무리 열심히 일해도 하는 일마다 실패하고 결과가 좋지 않을 때는 어떻게 해야 할지 몰라 답답하다. 점쟁이를 찾아가보고 싶을 정도다. 그러나 점쟁이를 찾아가기 전에 반성부터 해보자. 정말로 모든 방법을 다 시도해봤는지, 항상 해온 방식대로 한 것은 아닌지…. 항상 같은 방식으로 일을 하기 때문에 슬럼프에서 빠져나오지 못하는 것이다. 지금까지 시도해본 적이 없는 새로운 방법으로 해야 벗어날 수 있다.

생활 습관을 조금만 바꿔도 기분이 달라지고 사물을 보는 시각도 달라진다. 처음에는 간단한 것부터 해본다. 이를테면 출퇴근길을 바꿔보는 것이다. 지금까지는 가장 빠른 길을 이용하고 있었을 것이다. 그러나 시간이 조금 더 걸리더라도 다른 교통수단으로 바꿔본다. 다른 교통수단을 이용하게 되면 타고 내리는 방식도 다르고 지켜야 하는 매너도 다를 것이다. 출퇴근 시간대의 붐비는 정도도 다르고 출퇴근하는 사람들의 연령대나 업종도 다르다.

이 같은 작은 변화들이 새로운 자극을 줄 것이다. 평소와 다른 세계를 보면서 신입사원 시절 처음 출근할 때의 생각이 떠오를지도 모른다. 불안과 기대가 뒤섞인 복잡했던 감정 등 오랫동안 잊고 있던 감정들이 되살아날 것이다. 미지의 세계와 적극적으로 부딪쳐보려고 했던 자신을 떠올리게 될 것이다.

출퇴근 경로를 바꾸면 시간과 교통비가 더 든다고 싫어하는 사람도 있을 것이다. 그러나 슬럼프에서 벗어나기 위한 투자다. 투자치고는 정말 작은 금액이다. 하지만 결과는 클 것이다.

다른 교통수단이 없을 때는 집에서 역까지 또는 역에서 회사까지 가는 길을 바꾸어본다. 익숙하지 않은 길을 가게 되면 사람들의 걸음걸이, 붐비는 정도도 다를 것이다. 평소의 습관을 바꿔보면 슬럼프에서 빠져나올 수 있는 탈출구가 보일 것이다.

그리고 슬럼프라고 생각했던 것이 실은 매너리즘에 빠져 있는 것일지도 모른다. 매너리즘은 일을 하다 보면 반드시 찾아오는, 가라앉아 있는 상태이기 때문에 그럴 때는 힘을 축적하면서 때를 기다리면 된다.

어려운 일에 도전하라

경기가 나빠지면 정계나 재계 탓을 한다. 그리고 빨리 대책을 마련해주기를 바라면서도 자신이 할 일은 없다고 생각한다. 그러나 그런 생각은 무능한 사람들이나 하는 것이다.

경기가 어려울 때는 정계나 재계뿐만 아니라 모두 힘들기 때문에 다른 사람을 도울 여력이 없다. 경기가 좋을 때는 다른 사람들을 도와주기도 하지만 경기가 나쁠 때는 모두 자기 앞가림하기 급급하다. 그러므로 경기가 어려울 때는 도와줄 사람이 아무도 없다는 사실을 빨리 깨닫고 남에게 의존하려는 생각을 버려야 한다.

아무도 의지할 사람이 없다면 현재의 상황에서 스스로 할 수 있는 것이 무엇인지 생각해보고 할 수 있는 모든 것을 다 해본다. 아무것도 하지 않으면서 기다려봐야 시간만 갈 뿐이다.

일본 에도 시대의 영주 우에스기 요잔(上杉鷹山, 1751~1822)의 와카(和歌, 일본 전통 단시) 중에 "하면 된다. 안 하면 안 된다. 무엇이든 안 되는 것은 사람이 하지 않기 때문이다."라는 말이 있다. 의욕만 있으면 무엇이든 할 수 있다. 적어도 어느 정도는 반드시 가능하다.

직장에서 슬럼프에 빠졌을 때도 경기가 안 좋을 때와 마찬가지다. 자신의 컨디션이 안 좋을 때는 주위 사람들도 대부분 마찬가지로 힘들다.

슬럼프에 빠졌을 때는 바깥에서 억지로 끌어내려고 하면 더 빠져들지만 스스로 나오려고 하면 약간의 자극만 있어도 빠져나올 수 있다. 그런데 슬럼프에 빠져서 자신감을 잃고 무기력해졌을 때 자신감을 회복한답시고 쉬운 일부터 하는 것은 좋은 방법이 아니다. 과감하게 어려운 일부터 도전해본다. 지금까지 시도해본 적이 없는 어려운 문제에 부딪혀본다. 일이 잘 되지 않아도 어차피 슬럼프이기 때문에 본전은 된다.

그리고 보통 때는 하기 싫어서 손도 대지 않았던 일을 솔선해서 해 본다. 보통 때는 하지 않았던 일을 하면서 현재의 상황을 바꾸려는 노력을 해야 한다. 현실에서 도망가면 갈수록 변화는 생기지 않고 슬럼프는 계속될 뿐이다. 뭔가 색다른 일을 해서 자신에게 먼저 자극을 주고 그 다음에는 주변 사람들에게도 자극을 준다. 변화를 일으키려는 의욕이 무엇보다 가장 중요하다.

뜨는 해와 지는 해를 바라보라

컨디션이 나쁠 때나 기운이 없을 때는 모든 일을 소극적으로 하게 되고 일도 잘 안 풀린다. 일도 대충 하고 싶고, 급기야는 결근까지 생각하게 되는데, 그렇게 되면 꽤 심각한 상태다.

인류는 오랜 세월에 걸쳐 문명을 구축해왔다. 그 중에서도 특히 물질문명은 고도의 발전을 거듭해왔고, 현대인들은 그 혜택을 누리며 살고 있다. 그러나 한편으로는 물질적인 편리함에 속박당하는 면도 있다. 직장 생활을 생각해보면 금방 알 수 있다. 통신 수단의 발달로 의사소통을 실시간 내지는 실시간에 가깝게 할 수 있다. 예전에는 외국과 연락을 하려면 항공우편을 이용했기 때문에 답장이 올 때까지 최소한 일주일이 걸렸다. 그러니까 일주일 동안은 편히 기다릴 수가 있었다. 그러나 지금은 바로 답장이 도착하기 때문에 쉴 틈이 없다.

출장 갈 때도 예전에는 열차를 타고 여유 있게 경치도 구경하고 음식도 즐기고 인심 좋은 여관에서 편안히 쉴 수도 있었다. 그러나 지금은 국내일 때는 대부분 당일치기가 가능하다. 속도가 빨라진 만큼 인간은 피곤해진 것이다. 너무 바빠서 휴식이 필요하다는 사실조차 잊고 사는 것 같다.

컨디션이 나빠졌다는 것은 물질문명의 속박에 지쳐서 적극적으로 살려는 의욕이 사라신 상태를 밀한다. 그럴 때 인위적인 도움을 받아 돌파구를 찾으려고 해보지만 생각만큼 잘 되지 않는다. 인위적인 것은 모두 물질문명의 범주에 들어가기 때문이다.

물질문명으로 지쳤을 때 마음에 휴식을 주고 상처를 치유해주는 것은 자연이다. 자연 중에서도 도시에서 쉽게 접할 수 있는 것이 태양이다. 태양은 에너지의 근원이자 적극성의 상징이다. 힘차게 떠오른 해를 보고 있으면 침체됐던 마음이 사라지고 다시 한 번 뛰어오르고 싶은 기운이 생긴다.

또한 지는 해를 보고 있으면 자연의 웅대함과 자신의 의무를 마치고 저무는 태양의 넘치는 자신감을 느끼게 될 것이다. 사소한 일로 슬럼프에 빠져 헤매고 있는 부끄러운 자신을 발견하게 된다. 자연과 같이 넓은 마음을 가지면 슬럼프도 멀리 달아날 것이다.

인간관계를 점검하라

일도 열심히 하고 성과도 만족할 만하다. 다른 사람들로부터 인정도 받고 있고 상사와의 의사소통에도 전혀 문제가 없다. 그런데 이상하게 자신에 대한 상사의 평가가 기대만큼 좋지 않고 부하 직원들의 반응도 썩 만족스럽지 않다. 그렇다면 자신이 '일 벌레'가 아닌지 반성해봐야 한다. 즉 일에만 매달리다가 주위 사람들과의 관계에 소홀했는지 생각해본다. 직장은 일하는 곳이지만 동시에 인간관계의 현장이라는 점을 잊어서는 안 된다.

보통 상사한테는 아부까지는 아니더라도 보고하거나 상의할 때 상사가 편한 시간을 살펴서 한다. 그러나 부하 직원한테는 그 일이 얼마나 급하고 중요한지 자세히 설명도 하지 않고 위에서 내려온 대로 무조건 강요한다. 그들의 입장을 전혀 고려하지 않고 애로사항을 물어보지도 않는다.

부하 직원은 반항하고 싶어도 일이기 때문에 그렇게 하지 못한다. 겉으로는 표현하지 않지만 속에서는 불만이 쌓여갈 것이다.

예전과 달리 일이 깔끔하게 처리되지 않는다고 느껴질 때는 바로 잘못된 점을 찾아 고쳐야 한다. 부하 직원의 불만이 쌓이다 보면 폭발할 수도 있다. 감정은 어긋났을 때 바로 풀면 간단하지만, 상황이 심각해진 다음에는 원래대로 회복하는 데 많은 시간과 에너지가 필요하다.

그리고 상사의 말을 한 번도 거스른 적이 없다는 것은 부하 직원에게 무조건 일을 강요하고 있다는 것이다. 반대로 아랫사람을 배려해서 화기애애한 분위기가 계속되고 있다면 윗사람의 지시를 충실히 지키지 못하고 있다는 것이다. 때때로 상사 또는 부하 직원과 의견 차이로 논쟁이 벌어지는 것이 정상이다.

인간관계도 매너리즘에 빠지는 것은 좋지 않다. 학창 시절 크게 싸웠던 친구가 진짜 친구가 되는 경우가 많다. 비온 뒤에 땅이 더 굳어진다고 했다. 심한 논쟁을 벌이면 상대방의 속마음도 더 잘 알게 되고 서로를 더 잘 이해하게 된다. 때로는 풍파를 일으켜야 인간관계가 오래 간다.

행운은 공부한 다음에 기다려라

'행운은 누워서 기다려라'라는 속담이 있다. 운은 사람의 힘으로 어떻게 할 수 없으니 발버둥 쳐봐야 소용이 없다는 뜻이다. 그러나 이 속담에는 '인간이 할 바를 다 한 다음에'라는 뜻이 숨어 있다. 아무 노력도 하지 않고 기다리라는 말이 아니다.

물론 노력한다고 해서 항상 결과가 좋은 것은 아니다. 단지 좋은 결과를 거둘 수 있는 확률이 높아질 뿐이다. 그러나 확률이 조금이라도 높아진다면 반드시 시도해봐야 한다.

그런데 슬럼프에 빠졌을 때는 아무리 노력해도 계속 실패할 수가 있다. 예를 들어 편지봉투에 주소를 쓰다가 잘못 써서 다시 써보지만 똑같은 실수를 저지를 때가 있다. 그 순간에는 잠시 머릿속 어딘가가 잘못됐거나 중요한 기능이 작동하지 않는 상태이기 때문에 일을 중단하지 않으면 같은 실수를 저지를 가능성이 높다.

그럴 때는 가능하다면 일을 중단하고 머릿속을 완전히 환기시켜줘야 한다. 전혀 다른 일을 해서 관심을 다른 데 돌리고 기억도 가능한 한 없애버리도록 노력한다. 그때까지의 타성을 끊기 위해서다.

무리하게 같은 일을 계속하면 목적은 달성되지 않고 헛수고만 하게 된다.

길가에서 우산을 파는 경우를 생각해보자. 맑은 하늘에 바람이 솔솔 부는 아주 상쾌한 날 일회용 우산을 평소보다 더 싼 가격으로 팔려고 한다. 그러나 아무리 큰 소리로 우산 사라고 외쳐봐야 아무도 사지 않는다. 가격의 문제가 아니기 때문이다. 그럴 때는 공연히 고생하기보다는 앉아서 마케팅 관련 책을 읽는 것이 낫다. 그러면 소비자들이 싸다고 무조건 사는 것이 아니라는 사실도 알게 될 것이다. 그리고 운이 좋으면 책을 읽는 동안 갑자기 먹구름이 끼고 비가 내릴지도 모른다. 그러면 가만히 앉아 있어도 우산은 불티나게 팔릴 것이다.

화창한 날 우산이 팔리지 않는 것은 당연하지만 그 원리를 모르는 사람은 슬럼프라고 생각할 것이다. 일단 일을 중단하고 책이라도 읽고 공부하면서 행운이 오기를 기다리는 것이 최선의 방법이다.

기도하라

뭔가 꼭 이루고 싶은 것이 있을 때는 "잘 되게 해주세요."라고 신에게 기도한다. 입학시험을 볼 때는 "합격하게 해주세요."라고 기도하고, 아플 때는 "빨리 낫게 해주세요."라고 기도한다. 그리고 장사하는 사람들은 "돈 많이 벌게 해주세요."라고 기도한다.

일본에서는 신을 믿지 않는 사람도 새해가 되면 절이나 신사에 가서 참배를 하고 헌금을 낸다. 큰 소원이 있을 때는 헌금도 많이 한다. 많이 내야 소원이 이루어질 것 같은 생각이 들기 때문이다.

신의 존재를 부인하는 사람들도 친구들과 함께 여행을 떠나 우연히 절에 가게 되면 합장을 하고 자신이 바라는 것이 이루어지도록 마음속으로 기도한다. 혹시 모른다는 생각으로 신에게 의지하는 것이다. 그리고 신에게 불경스러운 행동을 하면 벌 받는다고 하니까 그것을 믿지는 않더라도 굳이 불경스러운 행동을 하려고 하지 않는다. 무의식적으로 벌 받지 않을까 두려워하기 때문이다.

일이 잘 풀리지 않을 때, 커다란 벽에 부딪혀 꼼짝할 수 없을 때, 긴 슬럼프에서 빠져나오지 못할 때는 스스로 문제를 해결하고자 하는 마음가짐이 제일 중요하다. 그러나 신의 힘도 필요하면 빌려야 한다. 문제가 해결되도록 신에게 기도해본다.

신 앞에서 진지하게 기도할 때 예전에는 '오햐쿠도御百度'라는 것이 있었다. 소원이 이루어지기를 바라며 신사나 절 경내를 100번 왕복하면서 기도하는 것이다. 최근에 자주 볼 수 있는 방법은 기간을 정해놓고 자신이 좋아하는 행동을 참고 안 하는 것이다. 자신이 좋아하는 차나 술, 케이크 등을 안 먹거나 TV를 보지 않는다. 이런 방법은 상당히 효과가 있다.

예를 들어 술을 좋아하는 사람이 금주를 하려면 상당한 결심이 필요하다. 때로는 자신을 질책하고 때로는 격려하면서 문제를 해결하기 위해 노력한다. 그리고 금주는 금방 주변 사람들에게 알려진다. 왜 금주를 하게 됐는지 알려지면 사람들이 그 열의에 감동해서 무엇이든 도와주려고 할 것이다.

주말에는 몸과 마음을 비운다

현대인들은 포식을 한다. 좋아하는 음식, 좋아하는 음료를 원하는 대로 먹고 마신다. 배고픔을 느낄 겨를이 없다. 최근에는 배고프다는 말이 아예 사어(死語)가 된 것은 아닌가 하는 생각마저 든다. 실제로 배고프다는 말의 뜻을 모르는 아이들도 적지 않다고 한다.

음식이 풍족하면 과식이나 과음을 하게 된다. 그래서 최근에는 건강에 대한 관심이 커지면서 몸에 좋은 음식을 적당히 먹자는 움직임도 있지만, 좋아하는 음식이 눈앞에 있으면 자신도 모르게 과식을 하게 된다. 그리고 바쁘게 뛰어다닐 때는 충분히 먹어줘야 힘이 나는 것도 사실이다.

그런 식생활을 바꿀 수 있는 것은 주말밖에 없다. 주말에는 운동을 심하게 하지 않는 한 소식을 할 수 있기 때문이다. 주말만이라도 먹는 양을 최소한으로 줄이고 술을 마시지 않는다. 몸을 조금 쉬게 하기 위해서다.

가능하다면 단식을 해보는 것이 좋다. 물론 컨디션에 따라 다르겠지만 집에 있으면 하루 정도는 아무것도 먹지 않아도 견딜 수 있다. 단식까지는 아니더라도 단식에 가까울 정도의 양만 섭취한다. 단식을 하면 몸이 가벼워지고, 몸이 가벼워지면 머리 회전도 빨라진다.

단식에 가까운 소식은 옷차림을 바꾸는 것과는 달리 몸속을 바꾸는 것이다. 자신의 겉모습을 바꾸는 변신이 아니라 몸속을 바꾸는 진짜 변신인 셈이다. 몸의 컨디션이 바뀌면 생각도 바뀐다. 노력을 해도 별 성과가 없거나 일에 대한 의욕이 없을 때도 몸을 가볍게 하면 조금은 편안한 마음으로 현실을 바라볼 수 있게 된다. 신통력을 가지고 있는 도인은 되지 못하더라도 사물을 보는 시각이 달라진다.

머릿속에서 높은 곳에 올라가 밑을 내려다보면 열심히 일하는데도 시간에 쫓겨 허둥대고 있는 사람들이 보일 것이다. 생각대로 일이 되지 않는다며 기가 죽어 있는 사람도 있을 것이다. 중상모략을 당했다고 머리에 핏발이 설 정도로 화를 내고 있는 사람도 있을 것이다. 선두를 빼앗겼다고 발을 구르며 씩씩거리는 사람도 있을 것이다. 모두 부질없는 일이라는 생각이 들 것이다.

밀어서 안 되면 당겨보라

술래잡기는 술래에게는 친구들이 끝까지 도망가려고 하기 때문에 재미있고 도망가는 사람에게는 술래가 끝까지 찾아내려고 하기 때문에 재미있다. 어느 한쪽이 '못 찾아도 상관없어' 혹은 '잡혀도 상관없어'라고 생각하는 순간 술래잡기의 재미는 사라진다.

술래잡기와 같은 인간의 심리를 잘 이용하면 모든 상황에서 적절한 말과 행동을 할 수 있다. 인간의 미묘한 감정을 꿰뚫어볼 수 있고, 인생의 심오한 뜻을 알게 된다.

일은 술래잡기가 아니지만 상품이나 서비스를 판매할 때는 그와 비슷한 심리가 작용한다. 열심히 설명하면서 쫓아가면 저만큼 도망가는 사람이 있다. 전혀 살 마음이 없는 것도 아닌데 너무 적극적으로 쫓아오니까 습관적으로 도망가는 것이다. 그럴 때는 무조건 밀어붙이지 말고 인상에 남을 만한 방법을 생각해본다.

예를 들어 방문할 때 항상 매주 수요일 오전 11시로 한다. 상대방이 집에 없으면 메모를 해서 같은 요일 같은 시간에 왔다 갔다는 것을 표시해둔다. 그렇게 계속하면 귀찮아하다가도 수요일 오전 11시가 가까워지면 무의식적으로 방문을 기다린다. 그러면 이제는 2~3주 정도 방문하지 않는다. 기다리고 있을 때 오지 않으면 바람맞았다는 느낌이 들면서 궁금해진다. 그럴 때 다시 방문하면 분명히 예전보다 이야기가 잘 풀릴 것이다. 친해져서 판매가 성사될지도 모른다.

계속 밀어붙이니까 도망가다가 갑자기 밀어붙이는 상대가 나타나지 않으면 둘 사이에 이른바 진공 상태가 만들어진다. 사람이든 물건이든 진공 상태가 되면 그곳을 채우기 위해 스스로 빨려들어간다. 요컨대 일정한 패턴을 만들어놓고 거기에 상대방이 익숙해지도록 한 다음 그 패턴을 깨서 상대방의 마음에 동요를 주는 것이다. 계속해서 밀어붙이기만 하면 너무 단순해서 효과가 없다.

테크닉은 너무 많이 쓰면 상대방을 가지고 논다는 느낌을 줄 수 있지만 때로는 인간관계의 윤활유가 된다. 정체되어 있을 때 테크닉을 써서 흔들어놓으면 흐름에 작은 변화가 생겨 한 번에 풀릴 수도 있다. 사람의 심리를 깊이 생각한 다음 머리를 써야 한다.

성급하면 자기만 손해다

생각대로 되지 않으면 화를 내는 사람이 있다. 남에게 피해만 주지 않는다면 상관은 없지만 그렇게 한다고 해서 화가 가라앉지는 않는다. 그럴 때는 기분을 풀 수 있는 방법이 필요하다.

적절한 스포츠나 오락으로 화를 발산시킬 수 있다면 이상적일 것이다. 그러나 일 때문에 여의치 않을 때는 공연히 주변 사람들한테 화풀이를 하기 십상이다. 화나게 한 장본인이 눈앞에 나타나면 폭발할지도 모른다. 그러나 자신을 화나게 만든 것은 그 사람이 분명하지만, 그 사람을 그렇게 만든 원인이 다른 사람에게 있을 수도 있고 자신에게 있을 수도 있다.

화풀이를 하고 싶으면 바깥으로 나가서 산책을 하는 것이 좋다. 길가에서 마주치는 사람들한테까지 화풀이를 하고 싶은 마음이어도 보통은 그렇게 하지 못한다. 결국 참아야 한다는 생각을 하게 된다.

화가 나면 내일 화내겠다고 결심한다. 화가 머리끝까지 났을 때는 사고력이 떨어진다. 화가 나서 내뱉는 말은 논리성이 떨어진다. 말도 안 되는 말만 해대면 사람들에게 바보 취급을 당한다. 잘 생각해서 논리적으로 정리한 다음에 화를 내는 것이 효과적이다.

그때까지 친구나 가족들과 이야기를 해볼 수도 있다. 자신의 불만을 다른 사람이 들어주기만 해도 감정이 많이 가라앉는다. 객관적인 의견도 들을 수 있다. 그래도 화가 나면 다음날 냉정하게 화를 낸다.

흥분해서 화를 내면 일시적으로는 후련해도 주위 사람들까지 기분 나쁘게 해서 끝이 좋지 않다. 특히 너무 화가 난 나머지 회사를 그만두게 해주겠다거나 자신이 그만두겠다는 식의 극단적인 이야기를 해버리면 돌이키기 어려워진다. 상대방을 곤란하게 할 생각으로 한 말이 오히려 자신의 목을 조를 수도 있다. 아무리 궁지에 몰려도 화를 내서 빠져나오려고 해서는 안 된다.

당신을
보호할 무기를
점검하라

수첩을 항상 가지고 다녀라

비즈니스를 하는 사람이라면 언제 어디서나 스케줄을 적고 확인할 수 있는 수첩을 반드시 가지고 다녀야 한다. 직장에 항상 가방을 가지고 다니는 사람도 빈손으로 있어야 할 때를 대비해 양복 주머니에 들어갈 만한 크기의 수첩을 가지고 다니는 것이 좋다.

서양 사람들 중에는 일본 사람들은 하나같이 작은 수첩을 가지고 다닌다고 고개를 갸우뚱거리는 사람들이 있다. 그러나 회사 밖에서 회합이 있을 때는 그 자리에서 바로 스케줄을 잡을 수도 있기 때문에 수첩에 적어두면 잊어버릴 염려가 없다. 회사에 돌아와 비서들끼리 다시 연락해서 일정을 잡게 하면 두 번 수고하게 된다.

약속을 직접 잡지 않는 사람들은 그런 일은 비서들이 하는 일이라고 생각하거나 스스로 관리할 수 없을 정도로 사무적인 능력이 없는 사람들이다. 그런 사람들은 허수아비나 마찬가지다. 사무적인 관점에서 보면 자신의 시간 관리는 스스로 하는 것이 원칙이다.

자신이 사용하기 편한 수첩이 있으면 매년 같은 수첩을 사용해도 좋다. 수첩에는 만나는 사람과 약속 날짜, 장소 등을 적어둔다. 나는 핸드폰을 쓰기 전에 수첩 안에 작은 전화번호 수첩을 따로 넣고 다녔는데, 혹시라도 급한 용무 때문에 약속에 늦어지거나 약속을 연기해야 할 사정이 생겼을 때 밖에서도 바로 전화로 연락하기 위해서다.

나는 스케줄 관리뿐만 아니라 메모를 하는 데도 수첩을 사용한다. 예정에 없던 사람이 모임에 참석했을 때는 그 사람의 이름도 써놓는다. 리셉션에서 이야기를 나눈 사람들의 이름을 기억나는 대로 써놓는다. 다음에 만났을 때 이전에 언제 어디서 만났는지 알아야 이야기가 잘 되기 때문이다.

일할 때 꼭 가지고 다니는 가방 속에는 전년도 수첩도 들어 있다. 인생은 반복의 연속이다. 몇 해를 통틀어 보면 해마다 반복되는 연중행사가 있다. 생활도 일도 생각보다 상당히 패턴화되어 있다. 그러므로 계획을 짤 때 전년도 수첩을 보면서 언제쯤 무슨 일을 했었는지 참고하면 일하기가 한결 수월하다. 이제 동창회 모임 안내문이 올 때가 됐다거나 거래처와의 골프 모임이 다가오고 있다는 것도 알게 된다. 바빠서 오랫동안 만나지 못한 친구도 수첩을 보면서 떠올릴 수 있다.

필기도구에 투자하라

수첩과 떼려야 뗄 수 없는 관계에 있는 것이 필기도구다. 사람들 중에는 꼭 만년필을 고집하는 사람이 있는데, 그래도 가지고 다니기에는 볼펜이 편하다. 볼펜은 한 손으로 조작이 가능하기 때문이다. 길을 가다 멈춰 서서 메모해야 할 때를 상상해보면 금방 알 수 있을 것이다. 샤프도 함께 가지고 다니면 좋다. 중요한 서류에 메모를 해두어야 할 때 편리하다.

볼펜은 보통 싼 것이나 회사에서 나오는 것을 가지고 다니는 사람이 있는데, 나는 개인적으로 그런 것은 안 좋다고 생각한다. 필기도구는 일할 때 가장 많이 쓰는 아주 기본적인 도구다. 자신을 비즈니스의 프로라고 생각한다면 자신에게 맞는 품질 좋은 것을 써야 한다.

특히 회사 밖에서 회사 비품을 사용하면 싸구려라는 이미지를 줄 수 있다. 업무 내용까지 싸구려로 보일 수도 있다. '싼 게 비지떡'이 아니라 '싼 물건 사용이 신용 상실'이 될 수도 있다.

신입사원이라면 마음먹고 최고급 볼펜이나 샤프를 산다. 처음에는 비싸다고 생각되어도 사용할 기간이나 횟수를 생각하면 비싼 것도 아니다. 기죽지 않고 항상 자신감을 가지고 일할 수 있게 해주기 때문에 그 정도의 투자는 아주 저렴한 것이다.

싼 물건을 사면 아무렇게나 쓰다가 쉽게 잃어버리거나 아예 가지고 다니는 것을 잊어버리기도 한다. 그러나 비싼 볼펜은 항상 잊지 않고 가지고 다니게 된다. 쉽게 남에게 빌려주지도 않고, 부득이하게 빌려주게 됐을 때는 상대방도 비싼 물건이라는 것을 알기 때문에 바로 돌려준다.

나는 항상 가방에 여분으로 볼펜과 샤프를 몇 자루씩 더 넣어둔다. 하루가 꼬박 걸리는 회합이나 협상이 있을 때는 물론이고 간단한 회의도 혹시 길어질지 모르기 때문에 볼펜 잉크가 다 닳거나 샤프심이 떨어질 때를 대비해 준비해두는 것이다. 공교롭게도 꼭 중요한 협의 때 볼펜이 안 나온다. 유비무환이라고 매사에 만전을 기해야 한다. 그래야만 일에 대한 여유와 자신감이 생겨난다.

가방은 가볍게

　가방은 일할 때 필요한 물건들을 가지고 다녀야 하기 때문에 꼭 필요하다. 내가 막 사회에 진출했을 무렵에는 커다란 회사 봉투를 가방 대신 가지고 다니는 것이 유행이었다. 그때는 그다지 풍요롭지 못했던 시절이었기 때문에 가방을 쉽게 살 수도 없었다. 그리고 지금처럼 복사가 쉽지 않았던 시절이라 한 사람이 많은 서류를 가지고 다닐 일이 없었기 때문에 종이봉투로도 충분했다.

　그런데 언제부턴가 일명 007가방을 가지고 다니는 사람들이 많이 생겨났다. 바쁘게 돌아다니는 사람들은 비교적 많은 서류를 넣고 다닐 수 있기 때문에 보물 다루듯 했다. 간단한 필기도구도 넣어두면 그야말로 움직이는 사무실이었다. 그래서인지 007가방은 중요한 서류를 가지고 여기저기 다녀야 하는 비즈니스맨의 상징이 됐다.

　미국에서 여성 해방론이 활발해지고 많은 여성이 비즈니스 세계로 진출하게 되면서 여성 중역들도 남성들과 마찬가지로 정장에 007가방을 가지고 다녔다. 프로와 최첨단이라는 이미지가 있어 옆에서 보고만 있어도 기분이 상쾌해질 정도였다. 007가방은 상자 모양으로 아주 튼튼하게 만들어졌기 때문에 어떤 물건을 넣어도 모양이 망가지지 않는다. 바닥에 내려놔도 넘어지지 않는다. 그러나 무거운 것이 단점이다. 서류를 가득 채우면 상당히 무거워서 들 때 잘못하면 손목이 아플 정도다.

그래서 최근에는 일반적으로 가벼운 가방을 선호하게 됐다. 나도 얇고 가벼운 가방을 사용하고 있는데, 매일 아침 집을 나서기 전에 가방 안에 그날 꼭 필요한 최소한의 서류만 들어 있는지 점검한다. 사무실에서 나올 때도 마찬가지다. 그렇게 매번 점검하지 않으면 가방이 금방 꽉 차버린다. 007가방에서 가벼운 가방으로 바꾸고 나서 깨닫게 된 것인데 가방이 크면 클수록 아무 생각 없이 자꾸 넣게 된다는 것이다. 절대로 필요한 것 외에는 넣지 않도록 신경 써야 한다. 가방은 가능한 한 가볍게 가지고 다닌다.

그리고 새 가방은 잘 손질해서 가지고 다니다가 조금 손때가 묻으면 전혀 신경을 쓰지 않는 사람들이 많다. 가방에 먼지가 끼어 있으면 보기 흉하다. 오래된 가방일수록 더 정성껏 손질해야 한다. 자신의 인격을 닦는다는 생각으로.

명함은 얼굴이다

명함에는 이름, 소속, 주소, 전화번호 등이 적혀 있다. 최근에는 사람들의 관심을 끌 목적으로 명함의 형태나 크기나 색깔을 독특하게 하는 경우가 있는데, 되도록이면 그렇게 하지 않는 것이 좋다. 영업을 하는 사람들의 경우엔 명함을 특이한 모양으로 만들거나 명함에 자신의 사진을 넣는 것도 효과적이지만, 보통의 경우에는 표준을 따르는 것이 무난하다. 특이한 명함은 자기를 과시한다는 인상을 주기 때문에 그만큼 품위가 떨어진다.

비즈니스를 할 때는 항상 명함을 충분히 가지고 다녀야 한다. 명함지갑에도 넣어두고 가방 안에도 넉넉히 넣어둔다. 사람을 만났을 때 현금과 신용카드가 어지럽게 들어 있는 지갑에서 명함철을 꺼내는 사람이 있다. 그런데 막상 명함철에 다른 사람들 명함밖에 없으면 그때서야 허겁지겁 자신의 명함을 찾기 시작하는데, 그런 사람은 사무적인 능력이 떨어지는 사람이다. 준비성이 없다는 인상을 준다.

다른 사람에게 명함을 받으면 자신의 명함도 건넨다. 교환하는 것이 원칙이다. 받기만 하는 것은 대단한 실례다.

명함을 받으면 나중에 꼭 정리를 해둔다. 나는 회사 이름을 ABC 순으로 정리한다. 기업보다 개인의 이미지가 강할 때는 이름을 따른다. 만나는 사람들이 대부분 외국인이다 보니 ABC 순이 편하다. 사무실에서는 PC에 입력해두고 기업 이름이든 개인 이름이든 어느 쪽으로도 찾을 수 있게 해놓는다.

명함에는 PC에 입력할 수 없는 그 사람에 대한 느낌과 만났을 때의 상황에 대한 기억이 새겨져 있다. 과장해서 말하면 건네준 사람의 온기가 남아 있다. 그리고 가끔 PC가 말썽을 부릴 때 도움이 된다.

다른 사람에게 받은 명함에는 만난 날짜와 장소 그리고 간단한 정보를 써두면 편리한데, 상대방이 있는 데서 하면 실례다. 명함은 그 사람의 얼굴이다. 상대방은 자신의 얼굴에 뭔가 쓰고 있다는 생각에 불쾌감을 느낄 것이다. 간혹 명함을 돌려달라고 하는 사람도 있다. 상대방과 헤어지고 나서 기록하는 것이 좋다.

전화는 매너 있게

전화를 사용하지 않고 업무를 어느 정도 처리할 수 있는지 생각해 본다. 업무 내용에 따라서는 전혀 일이 되지 않는 경우도 있고 반대로 더 일이 잘 되는 경우도 있을 것이다. 자신의 업무에 대한 전화의 공헌도를 잘 분석해보면 전화를 좀 더 효과적으로 사용할 수 있게 된다.

간단한 사무적인 일인 경우 전화는 한 번이면 끝난다. 서로 시간도 많이 빼앗기지 않고 목소리를 직접 들으면서 의사소통을 할 수 있어 좋다. 팩스나 편지는 일방적이기 때문에 그만큼 의사소통에 시간이 걸린다.

물론 전화는 상대방의 목소리만 가지고 판단해야 하기 때문에 상대방이 솔직하게 말하고 있는지 아니면 예의상 그렇게 말하고 있는지 판단하기 어려울 때가 많다. 얼굴을 보면서 이야기하면 상대방의 눈을 보거나 보디랭귀지를 관찰할 수 있지만 전화는 그런 것이 불가능하다. 그래서 부탁을 하거나 사과를 해야 할 때는 직접 찾아가는 것이 바람직하다.

전화로 마음이 통하기는 어렵다. 전화는 사무적인 연락 수단에 불과하다. 세세한 부분까지 전하고 싶다면 직접 만나서 이야기해야 한다. 그리고 전화로 이야기할 때는 자신의 모습이 상대방에게 보이지 않더라도 상대방에게 예의를 지켜야 하는 상황일 때는 자세를 바로 하고 이야기한다. 부탁을 할 때는 마주 보고 있을 때만큼은 아니더라도 약간 머리를 숙이는 마음으로 해야 한다.

스피커 기능이 있는 회의용 전화는 여러 명이 같이 이야기할 때 편리한데, 그런 경우엔 통화를 처음 시작할 때 전화기 주위에 누가 있는지 상대방에게 알려주는 것이 최소한의 에티켓이다. 그 자리에 있을 것이라고 생각지도 못했던 사람의 목소리가 갑자기 들리면 놀랄 수밖에 없다.

그리고 전화를 걸면 먼저 상대방이 통화하기 괜찮은 상황인지부터 확인하고 나서 이야기를 시작한다. 상대방이 곧바로 전화를 받았다고 해서 무작정 이야기를 시작해서는 안 된다. 통신 수단으로서의 전화의 장단점을 잘 이해하고 매너를 지키면서 이용하면 그 위력을 제대로 발휘할 수 있을 것이다.

명언집을 항상 가까이 하라

인생과 비즈니스에는 다양한 규칙이 있다. 인생의 기본적인 규칙은 부모님이나 학교 선생님 그리고 주위 어른들이 가르쳐주기도 하고 그들 옆에서 보고 배우기도 한다. 비즈니스 세계에서는 상사나 선배에게 배우거나 실제로 일과 부딪치면서 배우거나 책을 통해 익힌다.

그러나 스포츠의 규칙과는 달리 인생이나 비즈니스의 규칙은 항상 일관되지 않고 서로 모순되는 것들이 존재한다. 상황에 따라 정반대의 규칙을 따라야 할 때도 있다. 그래서 그때그때 상황에 따라 어느 규칙을 따라야 할지 결정해야 한다.

옛날부터 내려오는 처세술에 관한 속담이 있다. '군자는 위험한 것을 가까이 하지 않는다.' 위법의 위험성이 있는 비즈니스라면 이 속담을 따라야 한다. 그리고 새로 거래를 하려는 기업이 신용이 불안하다는 소문이 있거나 그 기업에 말과 행동에 문제가 있는 임원이 있을 때도 이 속담을 따르는 것이 좋다. 거래를 하지 않는 것이다.

그러나 새로운 사업을 시작할 때는 리스크가 따르기 마련인데 리스크를 두려워하면 비즈니스를 할 수 없다. 새로운 비즈니스 기회로 성공할 수 있다고 판단되면 적극적으로 리스크를 감수하고 추진해야 한다.

이처럼 규칙을 적절하게 응용하기 위해서는 가끔 명언집을 보고 기본적인 규칙을 머리에 새겨둬야 한다. 비즈니스에 관한 명언집은 시중에 많이 나와 있다. 어느 것이든 괜찮으니 자신이 읽기 편한 것 혹은 마음에 드는 것을 골라 항상 곁에 두고 본다. 어려운 문제에 부딪혔을 때, 매너리즘에 빠져 고민할 때, 스트레스가 쌓일 때, 일이 잘 풀리지 않을 때뿐만 아니라 새로운 일에 도전할 때, 일이 아주 순조롭게 진행될 때도 항상 원점으로 돌아간다는 마음가짐으로 비즈니스의 기본 규칙을 하나하나 새겨둔다.

가끔씩 인생이나 비즈니스와 관련된 명언집을 펼쳐보면 그때마다 새로운 가르침을 배우게 되고 유용한 힌트를 얻게 된다. 곧바로 도움이 되지는 않더라도 명언집을 자주 접하다 보면 정확한 판단을 내릴 수 있는 소양이 갖춰진다. 언제든지 바로바로 볼 수 있도록 회사와 집에 2~3권의 명언집을 준비해두자.

자신만의 자문위원을 만들어라

언제나 판단이 정확하고 일을 척척 해내는 사람이 있다. 일하는 속도도 빠르고 무슨 일이든 항상 적극적으로 임한다. 그런 사람들을 자세히 살펴보면 자신의 오른팔이라고 할 수 있는 사람이 있어서 중요한 일은 반드시 의견을 물어보고 최종적인 판단을 내린다.

사람의 능력에는 한계가 있다. 자신의 판단이 옳다는 확신이 있어도 완벽을 기하기 위해서는 신뢰할 만한 사람에게 물어봐야 한다. 그럴 때 자신에게 조언을 해줄 수 있는 사람이 필요하다.

아직도 기업들 중에는 담당자가 기획안을 작성한 다음 관련된 사람들에게 승인을 받아 의사결정을 하는 품의라는 방식을 사용하고 있다. 관련 있는 사람들의 전문적인 견해를 모아 모든 각도에서 검토하기 때문에 시스템으로서는 손색이 없다. 그러나 시간이 많이 걸리고 책임 소재가 애매해진다는 결점이 있다.

이런 집단적 의사결정 방식은 개인을 중시하는 서양의 비즈니스 방식에서 보면 비판을 받을 수도 있다. 하지만 조금만 개선하면 그렇게 비판받을 방식이 아니다. 예를 들어 관련된 사람들에게는 따로 승인을 받지 않고 의견만 모으고 실행 책임은 기획안을 작성한 사람이 지는 식으로 결점들을 개선해가는 것이다.

보통은 회사 내에 의사결정 방식이 정해져 있기 때문에 그대로 따르면 된다. 그러나 그 방식을 따를 수 없는 크고 작은 의사결정을 해야 할 때가 있다. 급할 때는 혼자서 판단해야 하지만, 시간이 있을 때는 신뢰할 수 있는 사람과 상의하는 것이 좋다. 그럴 때를 대비해 자신만의 자문위원을 두고 있으면 유리하다.

지위와 상관없이 자신을 잘 이해해주고 항상 공정한 판단을 하는 사람이라면 적극적으로 다가가 상의한다. 상대방도 자신을 믿고 상의하러 온 것이기 때문에 기꺼이 조언해줄 것이다. 만약 그렇지 않다면 사람을 잘못 본 것이니 다른 사람을 찾는다.

다른 회사에 다니는 친구라도 상관없다. 상대방이 편한 시간대를 물어 전화로 상의해도 좋고 만나서 이야기해도 좋다. 그러나 자문위원 역할을 할 만한 친구여야 한다. 물론 가족도 좋다.

PC의 노예가 되지 마라

이제 PC를 사용하지 않는 직장은 없다. 직장 어디에나 반드시 PC와 관련 기기가 있다. 이전에는 전화와 필기도구 같은 최소한의 물품밖에 없었던 책상 위에 PC가 놓여 있다.

작은 책상 하나밖에 없는 사원의 경우 PC가 책상의 가장 많은 자리를 차지한다. 큰 사무실에서 입구를 향해 책상들이 나란히 늘어서 있고 모든 책상의 같은 위치에 PC가 놓여 있는 것을 보면 격세지감을 느낀다.

원하든 원하지 않든 PC는 비즈니스에서 필수적인 도구가 되어버렸다. 나이 많은 사람들 중에는 PC에 대해 거부반응을 일으키는 사람도 적지 않지만, 이제는 더 이상 피해갈 수 없다.

PC에 거부반응을 일으키게 되는 원인은 PC를 완벽하게 다루어야 한다고 생각하기 때문이다. 나도 PC에는 자신이 없다. 현재 내가 사용하고 있는 기능은 이메일, 스케줄 관리, 의뢰인별로 소요된 시간 기록, 주소록과 워드 프로세스 정도다. 워드 프로세스도 팩스나 편지나 문서를 작성하는 정도인데, 서식이 조금 까다롭거나 조작이 복잡할 때는 비서한테 시킨다. 키를 잘못 눌러 미지의 세계가 나타났을 때도 비서에게 도움을 청한다.

PC에는 자신에게 필요 없는 기능도 많기 때문에 모든 기능을 자유자재로 쓰려고 생각할 필요가 없다. 자신에게 필요한 기능만 사용할 줄 알면 된다. 아무리 기계를 다루지 못하는 사람이라도 자주 사용하다 보면 다 할 수 있다.

PC가 가지고 있는 모든 기능을 따라가려고 하면 PC의 노예가 되어버린다. 자기가 필요한 부분만 골라 쓸 줄 알아야 PC의 주인이라 할 수 있다. 편리한 기능이라면 사용해야겠지만, 지금까지의 방식이 더 좋다면 그 방법을 그대로 쓰는 것도 괜찮다. 단순히 효율만 따져서 생각하는 것이 반드시 옳은 것은 아니다.

돈이 모든 것을 말해준다

나는 돈을 쓸 때 대부분 신용카드를 사용한다. 택시를 탈 때도 미리 사놓은 택시 카드를 사용하고 지하철도 지하철 카드를 사용하기 때문에 현금을 쓸 일이 거의 없다. 기껏해야 점심 식사로 메밀국수를 먹었을 때 정도다. 그래도 나는 함께 일하는 서양 사람들이 눈이 휘둥그레질 정도의 현금을 항상 가지고 다닌다. 혹시라도 현금이 필요할 때 창피당하는 일이 없도록 하기 위해서다.

예전에는 아내들이 남편이 출근하기 전에 남편 지갑에 창피당하지 않을 정도의 금액이 들어 있는지 확인하고 돈을 넣어두었다고 한다. 내가 회사에 막 입사했을 때 상사 몇 명과 함께 술을 마시러 가면 부하 직원에게 자신의 지갑을 주면서 계산하라고 하는 상사가 있었다. 시대착오적인 생각일지 모르지만 그런 기억 때문에 나는 지금도 현금을 가지고 다닌다.

물론 인생이 돈으로 다 해결되는 것은 아니다. 그러나 실제로는 돈으로 해결되는 것들이 석지 않나. 비즈니스를 할 때 처음부터 돈을 쓰면 역효과가 날 수 있지만 보조적인 수단으로서의 돈의 역할을 무시할 수는 없다.

돈은 깨끗이 잘 써야 한다. 돈을 잘못 쓰면 평판이 나빠져서 인간관계가 어려워진다. 친구들과 함께 술을 마시고 나서 각자 돈을 낼 때 조금이라도 덜 내려는 사람이 있다. 그렇게 구두쇠처럼 굴면 결국 자신에게 큰 손해가 된다. 얼마 되지도 않는 금액으로 자신에 대한 평가를 떨어뜨리는 것은 현명하지 못한 행동이다.

회사 돈을 쓸 때도 잘 써야 한다. 회사 돈을 개인적으로 먹고 마시는 데 쓰거나 개인 교통비를 회사에 청구하는 것은 절도 행위나 마찬가지다. 뻔뻔한 범죄 행위다. 비즈니스맨으로서는 중대한 결격 사유다. 회사 일로 접대를 할 때 회사 돈을 쓰는 것은 당연하다. 서로를 이해하기 위해 함께 식사를 하고 연극을 관람하는 것은 업무를 수행하는 데 윤활유가 된다.

그러나 회사를 위해서가 아니라 개인적인 일로 사람을 접대할 때 회사 돈을 쓰면 상대방은 회사에 감사하게 될 것이다. 자신에게 감사하게 하려면 자신의 돈을 써야 한다. 자신의 돈이라야 자신의 문제를 해결해줄 것이다.

사전을 적극적으로 활용하라

나는 영어사전과 국어사전 같은 것을 집과 사무실 양쪽에 두고 쓴다. 자주 쓰는 것이기 때문에 이왕이면 같은 사전을 쓰면 편리하다. 그래야 단어를 찾는 속도가 빠르기 때문이다. 그리고 새 사전보다는 항상 쓰던 사전이 손에 익어서 더 찾기 쉽다.

사전을 자주 찾다 보니 여러 번 찾은 단어는 그 단어가 페이지의 어느 부분에 있었는지 어슴푸레하게나마 기억이 되살아난다. 물론 여러 번 찾았는데도 정확하게 기억나지 않기 때문에 다시 찾는 것이지만. 최근에는 전자사전을 사용하는 사람들이 많다. 그런 사람들은 나처럼 단어를 찾는 노련한 기술이 필요 없겠지만, 원하는 단어를 한 번에 찾아내는 기쁨을 모를 것이다.

직장에서 필요한 사전은 회사나 각 부서마다 구비돼 있다. 그러나 모두 함께 쓰는 것이기 때문에 항상 자신의 책상에 두고 쓸 수는 없다. 필요할 때 바로바로 쓰고 싶으면 따로 사다놓는 것이 좋다. 회사에서 필요한 물건을 사비로 사는 것은 손해라고 생각할지도 모른다. 그러나 일의 질을 높이기 위한 투자는 직접 해야 한다. 그럴 때 쓰는 돈은 아까워해서는 안 된다.

특히 외국어로 된 문서에서 모르는 단어가 나오면 꼼꼼히 찾아보아야 한다. 문장 전체의 뜻을 이해했다고 해서 모르는 단어를 대충 짐작해서 읽다가는 중대한 잘못을 저지를 수 있기 때문이다. 문서를 작성하는 사람은 한 마디 한 마디 의미를 생각하면서 쓰기 때문에 단어를 소홀히 하면 내용을 잘못 이해할 수도 있다.

비즈니스에 종사하는 사람에게 의사소통의 기본인 단어의 중요성은 아무리 강조해도 지나치지 않다. 항상 사전을 곁에 두고 사용하는 습관을 들이자.

초일류 업무 기술은 당신 곁에 있다

91 순진한 인재가 되어라 | **92** 부지런하라 | **93** 회신 전화는 바로바로 | **94** 아는 척하지 마라 | **95** 신속하게 판단하고 결정하라 | **96** 따지지 마라 | **97** 감사의 마음을 전하라 | **98** 책임은 내가 진다 | **99** 내가 주인이다 | **100** 크고 넓게 생각하라

순진한 인재가 되어라

아주 천진난만한 성격의 이시자키라는 친구가 있다. 대기업의 요직에 있으면서 바쁘게 국내외를 돌아다니지만 언제나 아이처럼 순진하고 밝은 모습이다. 나는 그의 얼굴에 그늘이 진 것을 한 번도 본 적이 없다. 꽤 오래 전에 그가 담당하고 있던 부서에서 특종이 될 만큼 불미스러운 사건이 일어난 적이 있었다. "힘들겠네."라고 말을 걸었더니 "그렇지 뭐."라고 가볍게 답할 뿐 얼굴 한 번 찌푸리지 않았다.

옛날부터 그는 항상 솔직하고 명랑했다. 학교를 졸업하고 취직한 후에도 가끔 만났는데, 그는 언제나 회사 이야기를 할 때 즐거워했다. 사내 연수를 가서 무쇠가 빨갛게 녹아 흐르는 용광로를 처음 봤을 때의 감동을 가슴 벅차게 설명해준 적도 있었다. 상사가 조금 까다롭기는 하지만 모든 것이 새로워서 재미있다고 했다. 시키는 대로 서류를 작성해가면 상사가 아주 기뻐한다고도 했다. 영업 부문에 배치돼서 제품에 대한 공부를 하고 있는데 그 제품이 사회에 도움이 되고 있다고 생각하니 업무에 더 열의를 갖게 됐다고 말하기도 했다.

그는 상사의 말에 귀를 기울이고 지시하는 그대로 하려고 노력했다. 뭔가 앞뒤가 맞지 않는다고 생각되어도 풍부한 지식과 경험이 있는 상사의 지시이기 때문에 나름의 이유가 있을 것이라고 생각하고 그대로 따랐다. 스스로 생각도 하고 판단도 내리지만 일단은 지시하는 대로 했다. 자신이 싫어하는 일을 시켜도 누구든 해야 하는 일이라며 최선을 다했고, 어쩌다 상사가 화를 내도 반항 한 번 하지 않았다.

이시자키와 같은 사람이 인정을 받고 대우를 받는 것은 당연한 일이다. 상사의 지시가 어떻든 항상 긍정적으로 생각하고 적극적으로 일했기 때문이다. 순진한 인재 이시자키 씨의 순조로운 승진은 축하받아 마땅하다.

부지런하라

지각하는 사람은 늘 지각한다. 그런 사람을 바라보는 동료들의 눈초리는 오금이 저릴 만큼 오싹하다. 함께 일하는 사람들은 일에 따라 1분 1초가 아까울 때도 있기 때문에 9시가 되면 신속하게 일을 시작하기를 바란다.

반면에 부지런한 사람은 매사에 부지런하다. 업무 시작이 9시면 그들은 9시 전에 일할 준비가 완벽하게 되어 있다. 9시에 회사에 도착하는 일은 결코 없으며, 9시가 되자마자 시작되는 업무에 차질을 빚는 일도 없다.

거래처 사람들은 9시면 연락이 될 것이라고 생각한다. 오늘 하루도 열심히 하겠다는 마음으로 전화를 걸었는데 전화 받는 사람이 전혀 준비되어 있지 않으면 기분이 어떨까? 일을 맡기려고 했던 사람이 까다로운 성격이라면 다른 경쟁사로 마음을 바꿀 수도 있다.

나는 친척 아저씨가 운영했던 패션 관련 회사에서 잠시 수입 업무를 도와드린 적이 있다. 그때 전문 비서가 필요해서 대학을 갓 졸업한 고지마라고 하는 여성을 고용하게 됐다. 나는 전용 전화를 쓰고 있었기 때문에 비서와 내가 자리를 비우면 전화 받을 사람이 없었다. 그래서 업무 시작 시간에 대해 특별히 주의를 주었다.

"1분 정도는 괜찮다고 생각하면 절대 안 돼요. 1분이 2분이 되고 나중에는 5분, 10분, 1시간이 될 수도 있으니까요. 늦는 것과 늦지 않는 것은 단지 시간의 문제가 아니라 마음의 문제예요."

수입 업무는 2년 동안 계속됐는데 그 동안 고지마 씨는 단 한 번도 지각하지 않았다. 집에서 버스와 지하철을 갈아타고 약 1시간 거리를 이동해야 하는데다 고지마 씨가 타는 지하철은 지연되기로 유명한 노선이었지만 단 한 번도 지각한 적이 없었던 것이다.

그녀는 "아침 뉴스를 보다가 그 노선에서 사고가 났다고 하면 아침밥도 안 먹고 뛰쳐나와요."라고 말했다. 하나를 보니 열을 알 수 있었다. 그래서 나는 고지마 씨를 전폭적으로 신뢰했다.

회신 전화는 바로바로

나는 한 외국 기업이 자사 제품을 일본에서 판매하는 일을 컨설팅해주고 있다. 그 회사 사장이 친구라서 도와주기 시작했는데, 벌써 20년이나 됐다. 그 회사의 마케팅 담당자가 일본에 오면 거래처를 함께 방문한다. 거래처는 대기업부터 도매상, 백화점, 전문점에 이르기까지 규모가 다양하다.

거래처를 방문하기 위해서는 약속을 잡거나 협의할 사항을 전하기 위해 사전에 담당자와 통화를 해야 한다. 그런데 담당자가 바로 받으면 문제가 없지만 그렇지 않을 때는 고생이 이만저만이 아니다. 한 번 전화해서 회신 전화가 걸려온 적은 단 한 번도 없었다. 몇 번 전화해도 담당자와 통화가 되지 않을 때는 전화를 부탁한다는 메시지를 남기지만, 그렇게 해도 전화가 걸려오는 경우는 드물다. 물론 방문해서 이야기를 할 때는 정중하게 대하지만 전화로 할 때는 냉대한다는 느낌을 받는다.

한쪽에서는 부탁을 하고 다른 한쪽에서는 받아들이는 상황이 되면 힘의 관계에 따라 움직이게 된다. 그러나 "사주는 거예요."라고 말해도 어쨌든 필요하니까 사는 것이다. 그리고 그런 관계는 언제 역전될지 모른다. 그러니 거래하는 양쪽 모두 서로 평등한 입장이라는 사실을 깨달아야 한다.

금융기관에서 일하는 오무라세 씨는 모든 일을 시원시원하게 처리한다. 내가 부탁하는 입장에서 전화를 걸어도 친절하게 받고, 통화를 할 수 없는 상황일 때는 바로 전화를 해준다. 다른 사람과의 통화가 끝나거나 외근에서 돌아오면 반드시 전화를 한다. 출장 중일 때도 외국이 아닌 이상 늦어도 다음날 아침까지는 전화가 온다.

그리고 내가 전화를 받지 못했을 때는 몇 번이고 전화를 건다. 보통은 메시지만 남겨도 되지만 오무라 씨는 시간 날 때마다 전화를 한다. 용건이 있어 걸려온 전화를 받지 못해 일이 어긋난다면 자신의 책임이라는 게 오무라 씨의 생각이다. 그래서 나는 오무라 씨가 의뢰하는 일을 최우선으로 한다. 시원시원한 목소리를 빨리 듣고 싶으니까.

아는 척하지 마라

인간은 전지전능한 신이 아니기 때문에 모르는 것도 많고 못하는 것도 많다. 그러나 어느 정도 경험이 쌓이면 자신의 분야에 대해서는 대부분 정확하게 알고 있어야 한다.

구노 씨는 중소기업을 대상으로 일하는 경영 컨설턴트다. 꼼꼼하게 일하기 때문에 평판이 좋아 고객도 많다. 중소기업을 대상으로 하기 때문에 대단한 경영 전략이나 마케팅 전략보다는 기업 내부의 문제점을 해결해서 기업이 잘 운영될 수 있는 방법을 찾아준다.

예를 들어 경리 담당자가 일 처리를 잘 못한다는 이야기를 들으면 담당자를 만나 이야기를 들어보고 문제점이 무엇인지 찾아낸다. 구노 씨는 마케팅 전문이기 때문에 경리에 대해서는 자세히 모른다. 이야기를 듣다가 모르는 점이 있으면 경리 담당자에게 가르쳐달라고 한다. 그리고 책을 사서 공부를 하기도 한다.

물론 경영 컨설턴트라는 직함을 내걸고 있는 만큼 경리에 대한 지식도 어느 정도는 가지고 있다. 그 정도 실력만으로도 문제를 해결할 수 있다. 하지만 구노 씨는 아는 척하지 않고 꼼꼼히 준비한다. 그렇게 성실하게 일하기 때문에 상대방도 감동을 받아서 본인의 문제를 적극 해결하려고 노력한다. 본인이 그런 마음을 먹으면 반은 해결된 것이다. 구노 씨의 겸허하고 성실한 태도 덕분이다.

언젠가 디자인 관련 회사를 경영하는 사람이 구노 씨 사무실을 방문한 적이 있었다. 구노 씨는 디자인 일을 모르기 때문에 그 사람이 여러 가지 질문을 했을 때 모른다는 대답이 많았다. 그러나 경영 부분에 대해서는 명쾌한 답변을 해주었다.

이야기를 다 듣고 난 경영자는 바로 그 자리에서 구노 씨에게 정식으로 일을 의뢰했다. 잘 모른다는 대답과 명쾌한 답변이 눈에 띄게 대조적이었기 때문이었다고 한다. 구노 씨가 잘 안다고 말하는 것은 정말로 알고 있는 것이기 때문에 무조건 신뢰할 수 있고, 모르는 것은 솔직히 모른다고 말하기 때문에 일이 잘못될 가능성이 없어서 안심하고 일을 맡길 수 있다는 것이 그 경영자의 결론이었다.

신속하게 판단하고 결정하라

한 미국 회사의 일본 지사장을 맡고 있는 고자와 씨는 일을 처리하는 속도가 빠르다. 일에 대한 판단이 빠르기 때문이다. 한번 잡은 서류는 처리할 때까지 절대로 내려놓지 않는다. 그는 많이 생각한다고 해서 좋은 생각이 떠오르는 것은 아니라고 말한다. 비생산적인 사고는 시간 낭비일 뿐이라는 것이다. 그는 항상 무엇을 어떻게 해야 하는지 미리 정리해놓는다.

고자와 씨는 매일 아침 출근하면 이메일부터 확인한다. 그 자리에서 바로 처리할 수 있는 것은 바로 답장을 보낸다. 부하 직원에게 위임해야 할 일은 코멘트 없이 위임한다는 말을 덧붙여 이메일로 전송한다. 거래처와 협의한 다음에야 답변이 가능한 것이나 기다려야 결론이 나오는 것에 대해서는 프린트를 해두어 나중에 잊지 않고 처리할 수 있도록 한다.

그 다음에는 팩스를 확인한다. 요령은 이메일을 처리할 때와 같다. 팩스를 담당자에게 전할 때는 코멘트나 지시 사항을 팩스에 그대로 쓰거나 메모지를 붙인다. 바로 처리할 수 없는 팩스는 메모를 해서 미처리 사항이라는 것을 금방 알 수 있게 해둔다.

편지도 처리 방법이 똑같다. 다만 광고 우편물은 모두 비서에게 맡겨두었기 때문에 자신의 책상까지 올라오지 않는다. 전화도 마찬가지다. 전화해야 할 일이 있으면 바로바로 하고, 미처 받지 못한 전화도 바로바로 해준다. 잠시도 늑장을 부리지 않는다.

지사장실은 혼자 쓰는 방이지만 극비 전화를 할 때 빼고는 언제나 문을 열어둔다. 부하 직원이 찾아오면 일을 중단하고 귀를 기울인다. 1분 1초를 다투는 아주 급한 일을 하고 있을 때는 "나중에 들으면 안 될까?"라고 말하지만, 그런 경우가 아니라면 대체로 부하 직원의 이야기를 들어준다. 자신이 한번 잡은 일은 신속하게 처리하고 싶어 하는 것처럼 부하 직원도 그 일을 빨리 처리하고 다른 일을 하고 싶어 한다는 점을 잘 이해하고 있기 때문이다.

그래서인지 그의 사무실에서는 모두들 서로의 입장을 고려하면서 일심동체가 되어 신속하게 움직이고 있었다.

따지지 마라

직장의 모든 직원들이 한 치의 오차도 없이 공평한 대우를 받을 수는 없다. 하지만 막상 직장 내에서 차별을 받게 되면 자연히 불만이 커질 수밖에 없다. 그래서 상대방을 질책하고 그 이유를 따져 묻는다. 처음부터 무조건 상대방이 나쁘다고 생각하는 것이다.

그런데 외국인 회사에서 비서로 일하는 사나다 씨는 조금 달랐다. 사나다 씨는 진실하고 순진한 사람이었다. 자신의 감정에 충실하면서도 따지듯이 말하거나 비꼬아서 말하는 법이 없었다. 항상 솔직하고 정중하게 말했다. 자신의 승진에 부당함을 느꼈을 때도 상사에게 직접 가서 자신의 희망사항을 솔직하게 털어놓았다.

"저는 다른 사람들보다 훨씬 열심히 일한다고 자신합니다. 퇴근 후에는 영어 공부도 열심히 해서 실력도 수준급입니다. 정말 능률적으로 일하고 있고요. 그래서 이번에 승진이 안 된 것에 대해 이해할 수 없습니다. 이번 승진을 시정해주실 수 없겠습니까?"

그는 조용한 어조로 정중하게 부탁했다.

상사는 그의 마음을 충분히 이해한다면서 "나도 아쉽게 생각하네.

하지만 이미 끝난 일이니 어쩌겠나. 다음에는 꼭 고려하겠네."라고 약속했다.

만일 사나다 씨가 따지듯이 "왜 이번에 제가 승진이 안 된 거죠?"라고 물었다면 상사는 당연히 기분이 언짢았을 것이다. 그렇게 되면 사나다 씨와 상사는 대립 관계가 되어버린다. 사나다 씨는 자신의 희망이 이루어지지 않은 것을 불평하지 않았고, 바라는 바를 솔직히 표현했다. 그랬기 때문에 상사는 사나다 씨의 희망을 실현시켜줄 아군이 된 것이다.

당신 마음에 지금 불평불만이 있는가? 그렇다면 그 원인이 무엇인지 찾아보자. 분명 채워지지 않는 뭔가가 있기 때문일 것이다. 그것을 솔직하게 표현해보자. "도대체 왜 안 해줍니까?"라고 따지면 상대방은 '왜'에 대한 답변만 늘어놓게 될 것이다. 요구하는 것이 타당할 때 솔직하고 차분하게 희망하는 바를 말하면 들어주고 싶지 않은 사람이 없을 것이다. 마음을 어떻게 먹느냐에 따라 상황도 달라진다는 것을 기억하자.

감사의 마음을 전하라

마쓰자키 씨는 제조회사의 영업부에서 일하고 있다. 입사한 지 3~4년 정도 됐다. 일도 많이 배웠고 자신의 역할이 무엇인지 어느 정도 알게 됐지만, 그래도 아직 선배나 거래처 사람들에게 배울 것이 많다고 생각한다. 그는 학창 시절부터 야구 선수로 활약했던 밝은 청년이다. 그래서 사내뿐만 아니라 사외에서도 평판이 좋다. 모두들 그를 '마짱'이라는 애칭으로 부르며 좋아한다. 스포츠맨답게 명랑하고 쾌활한 성격은 모두가 그를 좋아하는 첫 번째 이유다.

그리고 사람들이 마쓰자키 씨를 좋아하는 이유가 또 하나 있다. 그는 조금이라도 신세를 지면 바로 엽서를 써서 감사의 마음을 전한다. 주문을 받았을 때는 말할 것도 없고 뭔가 간단한 일을 배웠을 때나 차 한 잔을 대접받았을 때도 꼭 엽서로 인사를 한다.

마쓰자키 씨는 거의 날마다 엽서를 쓴다. 매일같이 만나는 사람한테도 엽서를 쓴다. 그러면 상대방은 "어제 정말 감사했습니다."라는 말을 듣고 난 다음에 바로 "오늘 정말 감사했어요."라고 쓰인 엽서를 받게 된다. 그래서 마짱이라는 애칭 외에 '엽서 귀신'이라는 별명도 생겼다.

사람들은 엽서를 받으면 기뻐한다. 때로는 몇 줄밖에 안 되는 아주 짧은 엽서지만 글자 하나하나에 온정이 묻어 있음을 느낀다. 고맙다는 말만 들어도 기쁜데 감사의 엽서까지 받으면 얼마나 더 기쁘겠는가? 한 번 읽고 두 번 읽고 엽서를 읽으면 읽을수록 기쁨은 배로 넘쳐날 것이다.

마쓰자키 씨에게는 잊지 못할 소중한 사람이 있다. 그가 어렸을 때 함께 놀아주고 고민거리가 있으면 뭐든지 털어놓을 수 있었던 그의 할아버지다. 할아버지는 그에게 항상 고마움을 전할 줄 아는 사람이 되라고 가르쳤다. 감사의 편지를 쓰는 것도 좋은 방법이라고 일러준 할아버지의 말씀대로 그는 입사 후 지금까지 그 일을 하고 있다. 엽서를 보내면서 그는 언제나 감사의 마음을 가질 수 있기 때문에, 그리고 그만큼 더 겸허해지기 때문에 행복하다고 말한다.

행복을 전하는 메신저, 당신도 될 수 있다.

책임은 내가 진다

상사가 간단한 서류 작성을 시켰다고 하자. 그런데 일을 받는 순간 거래처에서 전화가 걸려와 급하게 외근을 나가게 되었다. 한가해 보이는 동료에게 대신 좀 해달라고 부탁하자 아주 흔쾌히 승낙한다. 작성한 서류는 상사의 책상 위에 올려놔달라고 부탁하고는 회사를 나왔다. 일을 마치고 회사에 돌아오자 마침 동료가 작성한 서류를 보고 있던 상사가 부른다. "도대체 일을 어떻게 하는 거야? 발로 작성해도 이것보단 낫겠다. 다시 해." 나무라는 상사의 말에 사실은 동료가 한 것이라고 변명하면 사태는 더 나빠진다. 매우 무책임한 태도이기 때문이다.

일을 맡겼다고 해서 책임까지 자동적으로 넘어가는 것은 아니다. 자신이 해야 하는 일은 자신이 책임져야 한다. 다른 사람에게 부탁한 일이라도 책임은 어디까지나 자신에게 있다.

미야가와 씨는 공무원으로서 순조롭게 승진을 해왔다. 부하 직원들은 하나같이 미야가와 씨 밑에 있으면 일하기 편하다고 말한다. 각자 편한 스타일로 최선을 다하면 된다고 생각하는 사람이기 때문에 부하 직원들에게 일을 100% 맡긴다. 미야가와 씨는 책임은 전부 자신이 질 테니 하고 싶은 대로 해보라고 부하 직원들에게 말한다.

상사가 하고 싶은 대로 하란다고 엉망으로 해놓는 사람은 없다. 오히려 자신의 모든 지혜를 짜서 최선을 다하려고 할 것이다. 그리고 일이 잘못되면 믿고 맡겨준 미야가와 씨 얼굴에 먹칠을 하는 꼴이 되기 때문에 부하 직원들은 더 진지하게 임할 수밖에 없다. 당연히 결과도 좋아서 미야가와 씨가 책임을 져야 할 일은 거의 생기지 않는다.

결과가 좋으면 미야가와 씨는 모든 공적은 부하 직원들에게 있다며 다른 사람들 앞에서 부하 직원들을 치켜세운다. 부하 직원들은 쑥스러워하면서도 기뻐한다.

동료에게든 부하 직원에게든 일을 맡길 수 있다. 그러나 책임을 전가해서는 안 된다. 미야가와 씨의 경우와 마찬가지로 일의 결과가 좋으면 일을 해준 사람에게 공적을 돌리고 결과가 나쁘면 자신이 책임지는 자세는 결국 자신에게도 행복한 결과를 가져다준다.

내가 주인이다

혹시 당신은 갤러리맨gallery man이 아닌가? 갤러리맨은 직장에서 승진을 통해 성취감을 느끼거나 자아실현을 하겠다는 꿈을 포기하고 언젠가 자신에게 맞는 일을 찾아 떠나려는 사람을 말한다. 그들에게 회사는 늘 바늘방석이다. 그러나 그것은 그들이 자초한 것이다.

그들은 마지못해 인상을 구기고 출근하며, 무슨 일을 하든 못마땅하다. 그들에게 회사에 대한 애정이란 눈을 씻고도 찾아볼 수 없다. 그러니 회사가 어떻게 굴러가든 상관없고, 주위에 쓰레기가 널려 있어도 못 본 체한다. 그들은 너저분한 주위 환경을 어떻게 해볼 생각은 전혀 하지 않고 오히려 짜증만 낸다. 처음부터 일에 흥미를 느끼지 못했으면서도 환경 탓을 하며 일이 안 된다고 투덜거린다.

그들에게 소개할 사람이 있다. 야마시타山下 씨다. 그는 자신이 회사의 주인이라고 생각한다. 그렇다고 해서 자기 마음대로 회사를 좌지우지할 수 있는 위치에 있는 것은 아니다. 공사 구분 없이 공금을 멋대로 쓰는 대기업 사장도 아니고, 언젠가는 사장이 될 수 있는 회사 대주주의 아들도 아니다. 그는 수많은 사원이 일하는 대기업의

사원에 불과하다. 게다가 입사한 지 2년도 안 된 신참이다. 그러나 야마시타 씨의 업무 스타일이나 회사 안팎에서 하는 말과 행동을 보면 야마시타 씨는 분명 회사를 자신의 회사라고 생각하고 있는 것 같다.

우선 그는 눈에 보이는 대로 쓰레기를 줍는다. 청소하는 사람들이 매일 밤 청소를 하지만, 많은 사람이 서류를 가지고 왔다 갔다 하기 때문에 종이나 클립이 여기저기 떨어져 있다. '누군가 줍겠지' 하는 생각으로 기다리는 일은 결코 없다. 청소하는 사람들이 청소할 때까지 기다리지도 않는다.

심지어 그는 스테이플러 심이 책상이나 바닥에 떨어져 있어도 가만히 있지 못한다. 다른 사람은 발견하기도 힘든 그 작은 심을 그는 잘도 찾아낸다. 결벽증이라고 해도 과언이 아닐 정도로 발견 즉시 철저하게 줍는다.

회사 비품을 사용할 때도 아끼고 또 아낀다. 근검절약이 몸에 밴 사람이기 때문에 낭비하는 일이 없도록 항상 신경을 쓴다. 회사 물건은 바로 자신의 물건이니까.

뿐만 아니라 인사도 잘 한다. 회사 내에서 마주치는 모든 사람에게, 설사 모르는 사람이라 하더라도 반드시 목례를 한다. 회사 사람이라면 동료일 것이고 외부 사람이라면 소중한 고객일 것이다. 상대가 누구든 간에 그는 진실한 마음으로 정중하게 인사를 건넨다.

그의 별명은 친절맨이다. 회사에서 길을 몰라 두리번거리는 사람을 발견하면 어찌나 친절하게 안내를 하는지 모른다. 고객이 있어야 비로소 자신도 존재한다는 점을 잘 알고 있기 때문이다. 그는 외부 사람들에게는 직원 전원이 담당자라고 생각한다.

회사를 위한 야마시타 씨의 그런 행동은 강한 주인의식과 소속감에서 비롯된다. 그에게는 회사와 집이 별반 다를 게 없다. 회사를 내 집처럼 아끼고 동료와 고객을 내 가족처럼 생각하는 그의 주인의식은 회사를 반짝거리게 만드는 윤활유와 같다. 자연히 회사에서 하는 그의 모든 일은 파릇파릇 생기가 넘친다. 그는 언제나 인생은 즐겁다고 말한다.

갤러리맨들이여, 이쯤 되면 주인의식을 한번쯤 고려해볼 만하지 않겠는가?

크고 넓게 생각하라

와카타 씨는 중견 비즈니스맨이다. 거침없고, 매우 정열적이며,

몸을 아끼지 않고 항상 적극적인 자세로 일한다. 뿐만 아니라 업무에도 시대의 흐름을 잘 반영해서 실적도 좋다. 회사와 와카타 씨 모두 최고의 컨디션을 유지하고 있다. 가정생활도 원만하고 아이들도 잘 자라고 있다. 그러나 와카타 씨는 가끔 고민에 빠진다. 열심히는 하고 있는데 과연 이것이 인류의 미래에 도움이 되는 방향으로 가고 있는가 하는 의문 때문이다.

회사에서 만드는 제품은 사람들에게 분명히 도움이 되고 있다. 많은 사람이 편리하다며 애용하고 있으니까. 그런데 과연 편리하기만 하면 되는 것일까?

기업들은 끊임없이 제품의 기능을 개량하여 더 편리한 제품을 만들어내고 있다. 때로는 제품 모양을 바꿔서 소비자들의 소비 욕구를 자극하기도 한다. 이제 한 제품을 평생 쓰는 시대는 끝났다. 그리하여 필요 없어진 물건이 자꾸만 버려지면서 쓰레기가 늘어났고, 자연의 유기적인 조직은 붕괴 직전에 와 있다. 옛날의 맑고 푸른 자연은 점점 더 멀어지고 있다.

이런 생각에 와카타 씨는 일이 손에 잡히지 않을 때도 있다. 물론 혼자서는 바꿀 수 없는 문제들이다. 그래도 인류의 행복과 현재 자신이 하고 있는 일이 모순이라는 점을 고민하는 것 자체가 중요하다며 스스로를 위로한다.

그는 자신뿐만 아니라 자신의 가족과 회사를 생각하는 것은 물론

이고, 더 나아가 친구들과 업계를 생각하고, 일본뿐만 아니라 다른 나라들도 생각한다. 지구촌에는 문명의 혜택을 받고 있는 나라도 많지만 아직 미개해서 빈곤에 허덕이는 나라도 많기 때문이다.

그런 문제들을 두고 와카타 씨는 기회 있을 때마다 가족과 친구, 동료들과 이야기를 나눈다. 그의 이야기에 동감하며 함께 고민하는 사람이 있으면 기분이 좋아지고, 그런 고민을 함께 나눌 수 있다는 것에 고마워한다.

비즈니스는 장사이기 때문에 이익을 생각하지 않을 수 없다. 그렇다고 이익만 추구하다가 인류와 지구를 제대로 바라보지 못한다면 어떻게 될까? 인류가 멸망한다면 자신도, 비즈니스도 없는 것이다. 와카타 씨처럼 크고 넓게 생각해보자. 이익만 부여잡고 있다 해서 천년만년 행복할 수는 없다. 이왕 하는 일이라면 누이 좋고 매부 좋은 게 좋다. 당신이 하는 일로 말미암아 사회에서 누군가 도움을 받는다면, 인류가 조금이라도 행복해질 수 있다면 당신은 생애 최대의 기쁨과 만족을 얻을 수 있을 것이다.

당신은 지금 어떤 일을 하고 있는가? 그저 번듯한 일이 최고는 아니다. 아무리 작고 보잘것없는 일이라도 진실한 땀 한 방울 흘리고 있다면, 사회의 소리에 정성껏 귀 기울이고 있다면 그 일은 최고임이 분명하다. 당신이 하는 일이 무엇이든 간에 인류를 행복하게 할 수 있는 영양가 만점의 일이 되기를 바란다.

초판 1쇄 인쇄일　2014년 7월 7일
초판 1쇄 발행일　2014년 7월 10일

지은이　야마사키 다케야
옮긴이　윤지나
펴낸이　하태복
펴낸곳　이가서
주　소　서울특별시 영등포구 양평동 2가 37-2 4F
전　화　02-336-3503
팩　스　02-336-3009
이메일　leegaseo1@naver.com
등　록　제10-2539호

ISBN 978-89-5864-307-4 13320

• 가격은 뒤표지에 있습니다.
• 잘못된 책은 바꾸어 드립니다.